Karin Eckenbach

Games for Brains

Spielerische Lernförderung durch Bewegung

Klett | Kallmeyer

Unter **www.friedrich-verlag.de** finden Sie Materialien zum Buch als Download.
Bitte geben Sie den achtstelligen Download-Code in das Suchfeld ein:
d31180gb

Bibliografische Information der Deutschen Nationalbibliothek
Die Deutsche Nationalbibliothek verzeichnet diese Publikation in der Deutschen Nationalbibliografie; detaillierte bibliografische Daten sind im Internet über http://dnb.d-nb.de abrufbar.

Impressum

Karin Eckenbach
Games for Brains
Spielerische Lernförderung durch Bewegung

3. Auflage

Friedrich Verlag GmbH
Luisenstraße 9
D-30159 Hannover

www.friedrich-verlag.de

Redaktion: Barbara Dulitz, Kassel
Illustrationen: Hendrik Kranenberg. Drolshagen
Titelfoto: © iStockphoto.com/FatCamera
Realisation: Friedrich Verlag GmbH
Druck: BELTZ Grafische Betriebe GmbH, Am Fliegerhorst 8, 99947 Bad Langensalza
Printed in Germany

ISBN (print): 978-3-7727-1180-0
ISBN (E-Book): 978-3-7727-1181-7

Karin Eckenbach

Games for Brains

Spielerische Lernförderung durch Bewegung

Klett | Kallmeyer

Vorwort

Viele gute (Forschungs-)Ideen finden den Weg in die Schule nicht. Dabei könnte man sie dort gut gebrauchen. In Zeiten gesteigerter Anforderungen sind gute pädagogische Konzepte in der Praxis hoch willkommen. Wie also gelangen Innovationen in die Schule?

Es gibt mindestens zwei Wege: Entweder lassen sich Schulen motivieren, aktuelle Forschungsergebnisse in der Praxis aufzugreifen. Oder sie sind selbst am Forschungsprozess beteiligt. Dr. Karin Eckenbach hat beide Wege gewählt. Im Rahmen ihres Dissertationsprojekts (Boriss, 2015) hat sie sich mit der Förderung exekutiver Funktionen im Sport befasst und Hinweise für eine erfolgversprechende Umsetzung erarbeitet. Zugleich hat sie ihre Ideen mit 197 Schülerinnen und Schülern sowie zehn Lehrkräften erprobt und weiterentwickelt. Hinzu kamen zahlreiche Fortbildungen mit Lehrerinnen und Lehrern unterschiedlicher Schulformen.

Insgesamt gelingt ihr damit ein anspruchsvoller Neustart in das Themenfeld „Lernen durch Bewegung“, das in der Sportpädagogik schon seit einigen Jahren bearbeitet wird, in den letzten Jahren aber ein wenig vor sich „hindümpelte“. Ein Neustart ist das Buch deshalb, weil hier erstmalig eine systematische Auseinandersetzung mit den lernförderlichen Impulsen von Bewegung für eine Förderung der exekutiven Funktionen von Heranwachsenden in der Schule erfolgt.

Die exekutiven Funktionen haben eine grundlegende Bedeutung für die Lernleistungen von Schülerinnen und Schülern. Nicht mehr nur ausdauerorientierte Belastungen, sondern auch kognitiv herausforderungsvolle Bewegungsaufgaben rücken in den Vordergrund einer Lernförderung durch Bewegung.

Mit der nun von Dr. Karin Eckenbach vorgelegten Sammlung praxiserprobter Spiele und Übungen zur Förderung exekutiver Funktionen erfolgt ein wichtiger Schritt zum gelingenden Transfer von Innovationen aus der Forschung in die Schule. Das Buch kann den schon im Innovationsprozess befindlichen Kolleginnen und Kollegen als Gedankenstütze und Anregung für die Praxis dienen. Zugleich bietet es Neuinteressierten einen Einstieg in die Lernförderung durch Bewegung in der Schule. Wir wünschen dem Buch eine weite Verbreitung.

Prof. Dr. Nils Neuber
PD Dr. Michael Pfitzner

Einleitung

Die Bedeutung von Bewegung, Spiel und Sport für die physische wie psychische Entwicklung von Kindern und Jugendlichen ist unbestritten. Der Boom von „bewegungsfreudigen" oder „bewegten" Schulen ist als eine Reaktion auf diese Gewissheit zu verstehen. Ist tatsächlich etwas Wahres dran an dem bekannten Slogan *„Toben macht schlau"*?

Ja! Und zwar insbesondere dann, wenn das Potenzial, das in Bewegung, Spiel und Sport steckt, gezielt genutzt wird: Forschungsergebnisse belegen, dass sportliche Belastungen im Allgemeinen mit positiven Effekten in kognitiver Hinsicht verbunden sind. Seit Kurzem ist zudem klar, dass es insbesondere koordinativ anspruchsvolle bzw. kognitiv komplexe Bewegungsausführungen sind, die mit einem Mehrgewinn in Bezug auf Denk- und Lernprozesse einhergehen. In einigen Situationen im Sport sind diese wichtigen Prämissen bereits gegeben – beispielsweise in komplexen Sportspielsituationen, in denen sich eine Sportlerin oder ein Sportler schnell an die Aktionen von Gegenspielern oder Mitspielern anpassen muss, um Punkte zu erzielen. Auch in einer komplizierten Tanzkür sehen sich Tänzer oder Tänzerin im Zusammenspiel einzelner Teilkörperbewegungen mit einer koordinativen Herausforderung konfrontiert.

Um den lernförderlichen Effekt von Bewegung zu steigern, ist es sinnvoll, Kinder und Jugendliche (und auch Erwachsene!) möglichst häufig in kognitiv anspruchsvolle Situationen zu bringen. Dies ist meist schon mit kleinen Anpassungen an das Spiel- oder Übungsgeschehen möglich.

Von Seiten der Wissenschaft liegen bereits erste Lösungsvorschläge für solche Anpassungen vor. Verschiedene Untersuchungen lieferten umfangreiche psychologische Ergebnisse, die für die Förderpraxis in Schulen, Vereinen oder im Familienalltag von Belang sind. Allerdings sind die Umsetzungsvorschläge oft sehr abstrakt und finden daher häufig nicht den Weg zum „Endverbraucher", der die Erkenntnisse anwenden könnte.

Dieses Buch ist aus der persönlichen Überzeugung entstanden, dass es notwendig ist, die Akteurinnen und Akteure der Anwendungspraxis an den Erkenntnissen teilhaben zu lassen und ihnen konkrete Umsetzungsvorschläge zu unterbreiten. Dabei greift dieses Buch eigene Forschungsergebnisse auf, die im Rahmen eines mehrjährigen Projekts an der Universität Münster gewonnen wurden. Anhand ausgewählter Spiele zeigt es erprobte Möglichkeiten, wie die spielerische Förderung der Kognition von Kindern und Jugendlichen gelingen kann. In einer Evaluationsstudie konnte bereits belegt werden, dass eine regelmäßige Anwendung einen positiven Effekt auf die kognitiven Leistungen von Schülerinnen und Schülern hat.

Insgesamt hält das Buch 36 Praxisbeispiele bereit. Bei der Auswahl wurde Wert auf die Expertise von Lehrerinnen und Lehrern unterschiedlicher Schulformen gelegt, um die Umsetzbarkeit im Schulalltag zu gewährleisten.

Primäre Zielgruppe sind Lehrerinnen und Lehrer der Klassen 5 bis 7. Darüber hinaus eignen sich die Förderspiele auch für den Einsatz im Freizeitbereich, z.B. im Vereinssport. Wenn diese Spiele von der Spielleiterin oder dem Spielleiter auf Grundlage dieses Buches pädagogisch durchdacht und gezielt geplant sind, wird deren Ziel – die Förderung der geistigen Leistungsfähigkeit – von den Schülerinnen und Schülern meist gar nicht bemerkt. Im Vordergrund stehen der Spaß und die Freude an der Bewegung. Bewegung ist nicht nur besonders förderlich für die Kognition, sondern gleichzeitig ein enormer Motivationsfaktor. Das Lernen geschieht ganz nebenbei!

Für ein besseres Verständnis des Praxisteils dieses Buches werden zunächst grundlegende Informationen zum Zusammenhang von Bewegung und Lernen nach dem aktuellen Stand der Forschung gegeben. Dabei wird vor allem auf die Studie Bezug genommen, die zur Evaluation der Praxisbausteine diente. Erläutert wird die zentrale Bedeutung bestimmter kognitiver Fähigkeiten, der sogenannten exekutiven Funktionen. Da diese im Zusammenhang mit der Kognition des Menschen eine Schlüsselrolle einnehmen, steht deren Förderung im Mittelpunkt des Praxisteils.

Das vorliegende Buch möchte Lehrkräfte, Trainerinnen und Trainer langfristig befähigen, eigenständig eine gezielt profilierte Lernförderung durch Bewegung umzusetzen. Aus diesem Grund werden didaktische Hinweise gegeben, die zur eigenen kreativen Auseinandersetzung mit dem Thema „Lernen durch Bewegung" beitragen sollen.

Den Hauptteil des Buches machen jedoch konkrete Spielvorschläge aus. Die Spielesammlung ist gegliedert nach Großgruppen-, Mannschafts- und Staffelspielen. Für die Umsetzung vieler Praxisvorschläge liegen erprobte Materialien zum Download bereit.

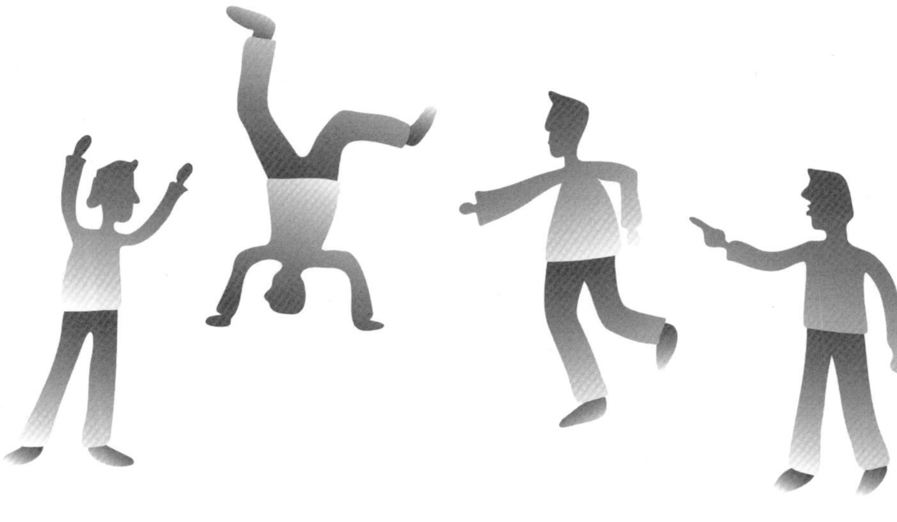

Zum lernförderlichen Potenzial von Bewegung

Wer den Zusammenhang von Bewegung und Lernen in den Blick nimmt, kann dies aus unterschiedlichen Perspektiven tun. Aus der Perspektive des Sports ist das Lernen von Bewegung vielleicht besonders naheliegend – beispielsweise das Erlernen eines Radschlags. Eine solche motorische Leistung bedarf eines Lernprozesses, bevor sie beherrscht wird.

Um derartige „sportimmanente" Lernleistungen soll es im Folgenden jedoch nicht gehen. Stattdessen wird der Frage nachgegangen, inwieweit Bewegung sportübergreifend Lernleistungen verbessern kann. Die Rede ist also von einer Lernförderung durch körperliche Aktivität, die sich auch auf andere Unterrichtsfächer oder Lebensbereiche auswirken kann.

Noch vor rund 30 Jahren wurden sportliche Betätigungen und gehirnphysiologische Prozesse strikt getrennt voneinander betrachtet (Hollmann, Strüder et al., 2007). Inzwischen liegen weitreichende Erkenntnisse über neuropsychologische Zusammenhänge zwischen physischer Aktivität und kognitiven Prozessen vor. Aufgrund der umfangreichen wissenschaftlichen Befunde lassen sich heute verschiedene Formen des „Lernens durch Bewegung" voneinander abgrenzen.

Häufig werden Maßnahmen zur Verbesserung der Gehirnleistung durch körperliche Aktivität durchgeführt, ohne sich der dahinterstehenden, lernpsychologischen Prozesse bewusst zu sein. So haben sich mit der Zeit einige Leitsätze etabliert, die sich auf intuitive Erkenntnisse zum Zusammenhang zwischen Bewegung und Lernen stützen und mittlerweile auch wissenschaftlich belegt werden können (vgl. Abbildung 1).

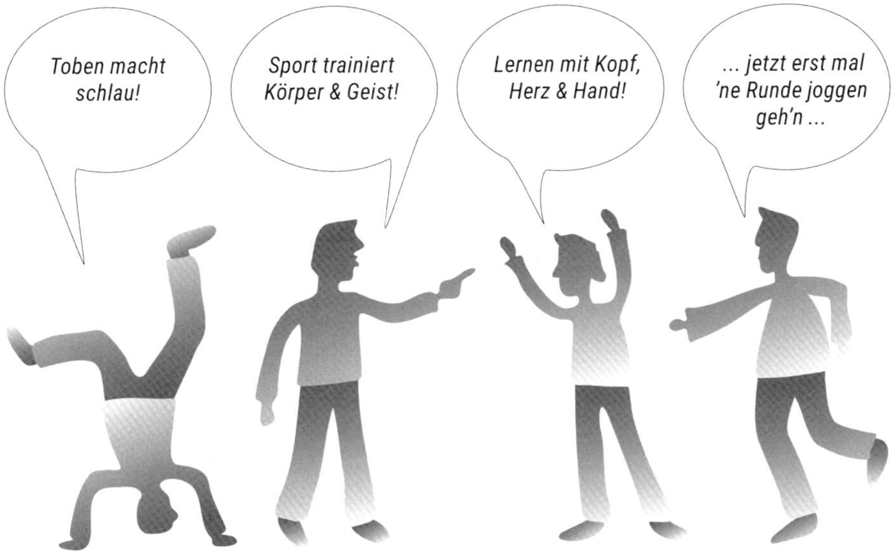

Abbildung 1: Zugänge zum Thema „Lernen und Bewegung".

Bereits vor etwa 200 Jahren propagiert Pestalozzi mit seiner Forderung nach *„Lernen mit Kopf, Herz und Hand"* ein ganzheitliches Lernen. Heute greift der bewegte Fachunterricht dieses Konzept auf, indem Lehrerinnen und Lehrer Bewegung als Medium oder zusätzlichen „Lernkanal" nutzen, um ihre Schülerinnen und Schüler bei der Erschließung bestimmter Lerngegenstände zu unterstützen. Auch der Slogan *„Toben macht schlau!"* findet in der Schulpraxis Anwendung – beispielsweise dann, wenn Lehrkräfte gegen Unkonzentriertheit und Müdigkeit der Lernenden eine Bewegungspause einplanen.

Der Stoßseufzer *„... jetzt erst mal 'ne Runde joggen geh'n"* stammt dagegen eher von einer lernenden Person selbst, die mit einer bewegten Pause intuitiv das Richtige macht. Jeder kennt das Gefühl, dass nach einer langen „Schicht" am Schreibtisch Bewegung guttut. Wenn eine kognitive Anstrengung im Erlernen und Einprägen bestimmter Inhalte besteht, geht die eingeschaltete Bewegungspause häufig mit der Hoffnung einher, den Lernstoff nach der körperlichen Aktivität besser zu erinnern und sicherer zu beherrschen. Tatsächlich hat Sport eine gewisse Konsolidierungswirkung: Ähnlich wie Schlaf kann Bewegung dazu beitragen, dass Gedächtnisinhalte in das Langzeitgedächtnis überführt und damit gefestigt werden.

Bleibt noch die Bekundung *„Sport trainiert Körper und Geist"*: Dass man durch Bewegung dem Körper nicht nur auf physischer, sondern ebenso auf psychischer Ebene Gutes tut, ist ein zusätzliches Argument, Bewegung und Sport möglichst regelmäßig in den Alltag zu integrieren. Wissenschaftliche Erkenntnisse untermauern dieses Argument: Forschungsergebnisse legen nahe, dass Menschen mit einem aktiven Lebensstil im Vergleich zu ihren weniger aktiven Mitmenschen im Allgemeinen auch kognitiv agiler sind. Solche Befunde sind gerade im Kontext von Schule und Unterricht bedeutsam und sollten sich in der Gestaltung des Schulalltags niederschlagen.

Was kann regelmäßige Bewegung bewirken? Nachfolgend werden einige Erkenntnisse über langfristige Effekte von Bewegung auf die kognitive Leistungsfähigkeit zusammengefasst.

Was kann Sport bewirken? Langfristige Effekte von Bewegung

Die Vorstellung, ihre schulische Leistungen durch Sport statt durch klassische Nachhilfe am Schreibtisch zu verbessern, mag vielen leistungsschwächeren Schülerinnen und Schülern als zu schön erscheinen, um wahr zu sein. Doch Ergebnisse wissenschaftlicher Studien machen aus der Utopie mehr und mehr eine reale Möglichkeit.

In der sportbezogenen Kognitionsforschung lassen sich grob zwei Ansätze unterscheiden: Zum einen gibt es Studien, die sich mit direkten, unmittelbaren Auswirkungen einmaliger körperlicher Aktivitäten auseinandersetzen, zum anderen werden die Effekte langfristig angelegter physischer Belastungen untersucht. In beiden Forschungsrichtungen konnten bereits zahlreiche positive Belege für Bewegung als adäquate Fördermaßnahme gesammelt werden.

Insgesamt deutet sich an, dass langfristig bzw. regelmäßig durchgeführte sportliche Aktivitäten mit noch überzeugenderen Effekten einhergehen als sporadische Aktionen (Etnier, Salazar et al., 1997; Sibley & Etnier, 2003). Je länger und regelmäßiger sportliche Bewegungen in den Alltag integriert werden, desto wahrscheinlicher ist ein positiver Effekt auf die körperliche Fitness. Eine gute körperliche Fitness steht wiederum nachweislich in einem positiven Zusammenhang mit bestimmten kognitiven Fähigkeiten, beispielsweise mit der Aufnahme-, Konzentrations- und Merkfähigkeit.

Die meisten bisherigen wissenschaftlichen Befunde zum Zusammenhang von Bewegung und Lernen beruhen allerdings derzeit auf Laborstudien. Das hat einen Nachteil: Die Versuchsbedingungen sind manchmal weit entfernt von der Realität. Zwar ist diese Art von Forschung für den generellen Erkenntnisgewinn wichtig, eine Übertragung auf authentische Lernsettings – wie beispielsweise auf den schulischen Kontext – ist allerdings schwierig.

Die Studien der kanadischen Forscher Trudeau und Shephard (2008) und des Teams um die Amerikanerin Rasberry (2011) beschäftigen sich konkret mit dem Einfluss sportlicher Aktivitäten auf die Schulleistungen von Schülerinnen und Schülern. Diese Untersuchungen belegen das Potenzial von Bewegung im Schulalltag: So wurden selbst bei einer Kürzung des Unterrichts in den Hauptfächern zugunsten eines vermehrten Sportangebots keine Einbußen in den Hauptfachleistungen registriert – die Leistungen der Lernenden blieben entweder konstant oder verbesserten sich sogar.

Ein weiterer interessanter Befund aus den 1990er Jahren lieferte ebenfalls wichtige Erkenntnisse über den Zusammenhang zwischen sportlichen Übungen und dem täglichen Lernen an Schulen. Demnach wirkt sich körperliche Aktivität nicht auf alle kognitiven Leistungen gleich stark aus. Vor allem die sogenannten exekutiven Funktionen können durch Bewegung gefördert werden (Barenberg, Berse et al., 2011; Chodzko-Zajko, 1991).

Was sind exekutive Funktionen?

Die exekutiven Funktionen sind erst seit Kurzem Gegenstand empirischer Untersuchungen. Doch schon jetzt ist klar, dass sie eine entscheidende Rolle spielen, wenn es um alltägliche kognitive Leistungen und um die Optimierung von Lernprozessen geht: Immer dann, wenn wir uns in kniffligen Situationen befinden – wenn beispielsweise spontan reagiert, zukünftige Vorhaben geplant, Entscheidungen reflektiert oder eigene Fehler korrigiert werden müssen –, übernehmen exekutive Funktionen die geistige Kontrolle, damit wir möglichst zielgerichtet, schnell und passend auf eine Herausforderung reagieren können. Diese „kognitive Schaltzentrale“ kann primär im Stirnhirn – im präfrontalen Cortex – lokalisiert werden.

Um zu verstehen, was sich hinter dem Begriff „exekutive Funktionen“ verbirgt, ist es hilfreich, sich den Unterschied zwischen automatisch ablaufenden Vorgängen und kontrollbedürftigen kognitiven Prozessen zu vergegenwärtigen (Shiff-

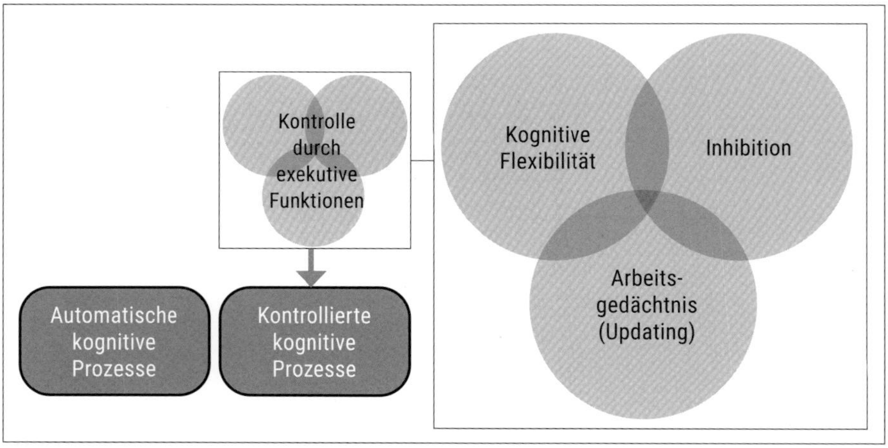

Abbildung 2: Dreiteilung exekutiver Funktionen in die Hauptkomponenten „Kognitive Flexibilität", „Inhibition" und „Arbeitsgedächtnis (Updating)". Gemeinsam übernehmen sie die Steuerung von zu kontrollierenden kognitiven Prozessen.

rin & Schneider, 1977). Beide Prozessformen (vgl. Abbildung 2) laufen tagtäglich bei allen Menschen ab, werden jedoch unterschiedlich in ihren Gehirnen verarbeitet:

- Automatisierte Prozesse, wie beispielsweise Zähneputzen oder Fahrradfahren, sind fest im Langzeitgedächtnis verankert und laufen unterbewusst ab. Es kostet keine spürbare Energie, auf diese Gedächtnisleistungen zurückzugreifen – und dennoch handelt es sich um einen kognitiven Prozess, wenn wir morgens zur Zahnbürste greifen.
- Eine andere Klasse kognitiver Prozesse betrifft Vorgänge, die weniger eingeübt sind. Wenn wir etwas noch nicht häufig gemacht haben oder wenn wir einer sehr komplexen Aufgabe gegenüberstehen, genügt es nicht, langfristig gespeicherte Gedächtnisinhalte und automatisierte Reaktionen abzurufen. Stattdessen übernimmt nun die „kognitive Schaltzentrale" – das exekutive System – die Kontrolle über unser Denken und Tun. Gefordert ist das exekutive System schon dann, wenn sich in einem gewohnten Ablauf kleine Änderungen ergeben. Versuchen Sie zum Beispiel einmal, sich mit der linken Hand die Zähne zu putzen. Wenn Sie Rechtshänder sind, stellt diese Aufgabe bereits eine so große Umstellung dar, dass Sie jede einzelne Bewegung viel bewusster wahrnehmen und verarbeiten. In diesem Moment laufen Ihre exekutiven Kontrollprozesse auf Hochtouren!

Je nach Anforderung, die sich uns stellt, ist das exekutive System in spezifischer Weise gefragt. Dabei sind seine drei Kernkomponenten – kognitive Flexibilität, Inhibition und Arbeitsgedächtnis (vgl. Abbildung 2) – unterschiedlich stark involviert (Miyake, Friedman et al., 2000):

- Wenn wir kurz hintereinander mit unterschiedlichen Aufgaben konfrontiert werden, müssen wir uns schnell an die neue Aufgabe anpassen. Ein solches „Switchen" zwischen verschiedenen Anforderungen wird im Schulalltag sehr häufig verlangt. Es wird nicht nur im Stundenrhythmus zwischen den Fächern gewechselt, sondern auch innerhalb einer Unterrichtsstunde wird der Fokus durch neue Aufgaben immer wieder verlagert. Wie schnell und erfolgreich der mentale Wechsel geschieht und das Verhalten angepasst wird, wird maßgeblich von der **kognitiven Flexibilität** bestimmt.
- Eng verbunden mit der kognitiven Flexibilität ist die Fähigkeit, sich auf das Wesentliche zu konzentrieren und Störreize oder nicht (mehr) angemessene Reaktionen zu unterdrücken. Mit wechselnden Unterrichtsaufgaben konfrontiert, müssen Schülerinnen und Schüler immer wieder mentale Vorgänge abschließen, um sich voll und ganz der aktuellen Aufgabe widmen zu können. Die Fähigkeit zur **Inhibition** erlaubt, Ablenkungsquellen, wie spielende Freundinnen und Freunde, auszublenden und genügend Willensstärke aufzubringen, um vor dem Spielen erst eine Aufgabe zum Ende zu bringen.
- Die dritte exekutive Funktion wird meist als **Arbeitsgedächtnis** bezeichnet. Treffender ist der englische Begriff „Updating": Es geht darum, neue Informationen kurzfristig im Gedächtnis zu behalten und diese ggf. zu modifizieren und zu erweitern. Im Gegensatz zum Kurzzeitgedächtnis greift das Arbeitsgedächtnis auf bereits gespeicherte Gedächtnisinhalte zurück. So befähigt es nicht nur dazu, beispielsweise die Ziffernfolge einer gerade genannten Telefonnummer korrekt wiederzugeben, sondern auch die im Gedächtnis gespeicherte Vorwahlnummer hinzuzufügen. Im Schulalltag werden über das Arbeitsgedächtnis häufig mentale Zwischenergebnisse gespeichert und Verknüpfungen hergestellt, so zum Beispiel bei komplexen Kopfrechenaufgaben, bei denen einzelne Rechenschritte aufeinander aufbauen.

Als Grundlage aller Lernprozesse hat das exekutive Systems große Bedeutung für nahezu alle Lebensbereiche. Für viele Wissenschaftler sind die exekutiven Funktionen die „key component underlying development", also Schlüsselkompetenzen der menschlichen Entwicklung (Travis, 1998, S. 40).

Welche Bedeutung haben exekutive Funktionen?

Wie Studien zu Kernkompetenzen wie Lesen, Schreiben und Rechnen belegen (Barenberg, Berse et al., 2011; Blair & Razza, 2007; Röthlisberger, Neuenschwander et al., 2010), besteht ein Zusammenhang zwischen der Qualität der exekutiven Funktionen von Lernenden und deren Schulleistung. Vor allem die Leistungen in Mathematik sind im hohen Maße abhängig von einem gut funktionierenden exekutiven System (Best, Miller et al., 2011; Ehlert, 2007; Mazzocco & Kover, 2007). Kognitive Flexibilität unterstützt den mentalen Wechsel von einer Aufgabe zur nächsten, die Inhibitionsfähigkeit dient der Fokussierung auf den Rechenweg und das Arbeitsgedächtnis ermöglicht das Erinnern von vergleichbaren Aufgaben und das zielsichere Anwenden von Lösungsstrategien.

Galt früher der Intelligenzquotient (IQ) als grundlegender Maßstab für kognitive Leistungen, so geht man heute davon aus, dass das exekutive System den schulischen Lernerfolg in viel stärkerem Maße beeinflusst als der IQ. Im Fokus der Forschung steht oft die Fähigkeit zur Selbstdisziplin von Kindern und Jugendlichen, die stark von deren Inhibitionsfähigkeit bestimmt wird. So ließen sich gute oder schlechtere Schulleistungen (Notendurchschnitt, Testergebnisse u.a.) sicherer aufgrund der Selbstdisziplin von Schülerinnen und Schülern voraussagen als anhand ihres IQs (Duckworth & Seligman, 2005). Erklärt werden diese Ergebnisse damit, dass exekutiv-funktionale Fähigkeiten das Lernpotenzial widerspiegeln, während der IQ hauptsächlich von bereits erlerntem Wissen abhängig ist (Alloway, Gathercole et al., 2005; Alloway & Alloway, 2010).

Der Wirkungsbereich der exekutiven Funktionen beschränkt sich nicht auf den kognitiven Bereich. Selbstregulatorische, inhibitorische Fähigkeiten haben beispielsweise durch die Kontrolle aggressiven Verhaltens oder extremer Affekte große Bedeutung für das emotionale und soziale Erleben. Je besser die Selbstkontrolle, desto geringer ist die Neigung zu Aggression, Kriminalität und Drogenmissbrauch und desto besser ist die Empathiefähigkeit (Carlson, 2003; Diamond, Barnett et al., 2007; Posner & Rothbart, 2007). Einer Studie zufolge wirkt sich die Fähigkeit zur Selbstregulation im Kindesalter sogar positiv auf Gesundheit und Wohlstand im Erwachsenenalter aus (Moffitt, Arseneault et al., 2011).

Insgesamt zeigt die Forschungslage, wie wichtig exekutive Funktionen für den Entwicklungsprozess von Kindern und Jugendlichen sind. Eine Förderung des exekutiven Systems ist daher angeraten. Welche Möglichkeiten gibt es?

Es erscheint naheliegend, exekutive Funktionen möglichst gezielt durch kognitiv anspruchsvolle Denkaufgaben zu fördern. Derartige Lernprogramme haben jedoch nicht immer den gewünschten Erfolg, da die Zielgruppe - vor allem Kindergarten- und Grundschulkinder - schwer für Denkübungen zu motivieren ist. Spiel und Sport für die Förderung exekutiver Funktionen zu nutzen, mag zunächst nur aus dem Grund sinnvoll erscheinen, dass Kinder und Jugendliche so ihrem Bewegungsdrang nachgeben und sich „austoben“ können. Befunde der „Exercise Neuroscience“ belegen aber, dass der Motivationsfaktor „Bewegung“ neben allgemeinen kognitiven Fähigkeiten auch das exekutive System fördert.

Zunächst wurden in wissenschaftlichen Untersuchungen vor allem Ausdauerbelastungen als förderlich erkannt: Probandinnen und Probanden, die beispielsweise über einen mehrwöchigen Zeitraum regelmäßig joggen gingen oder Fahrrad fuhren, verbesserten im Gegensatz zur nicht trainierten Kontrollgruppe ihre exekutiven Funktionen statistisch signifikant (z.B. Hansen, Johnsen et al., 2004; Khatri, Blumenthal et al., 2001). Für einen möglichst langanhaltenden Effekt sind daher mehrmals wöchentlich körperliche Ausdaueraktivitäten über einen möglichst langen Zeitraum (mehrere Wochen oder besser noch Monate) zu empfehlen. Andere körperliche Ertüchtigungen - wie z. B. Krafttraining - erwiesen sich als weniger förderlich für die exekutiven Funktionen (Kramer, Hahn et al., 2001; Smiley-Oyen, Lowry et al., 2008).

Besonders effektiv für die Förderung des exekutiven Systems sind körperliche Belastungen, die mit einem gewissen kognitiven Anspruch gekoppelt sind. Dies belegen Studien mit koordinativ anspruchsvollen Bewegungseinheiten. Bereits kurze koordinative Belastungen führen zu kognitiven Verbesserungen (Budde, Voelcker-Rehage et al., 2008; Voelcker-Rehage, Godde et al., 2011).

Die Forschungslage lässt also eine kognitive Förderung durch Bewegung durchaus möglich erscheinen. Da das Design wissenschaftlicher Laboruntersuchungen nur begrenzt dem Alltagsleben entspricht, stellt sich allerdings die Fragen, ob sich der positive Effekt von Bewegung auf exekutive Funktionen auch unter authentischen Bedingungen – z. B. im Schulalltag mit „normalen“ Lehrkräften – zeigt. Erst dann können konkrete Förderkonzepte entwickelt werden.

Aktuell gibt es nur wenige Ansätze, die unter Laborbedingungen gewonnenen Erkenntnisse in die Praxis zu übertragen, geschweige denn, langfristig zu implementieren. Diesem Mangel sollte durch eine eigene Studie begegnet werden (Boriss, 2015), die sich in einem wesentlichen Punkt von den bisherigen Ansätzen unterschied: Die Probanden der Studie waren Schülerinnen und Schüler der Jahrgangsstufe 6, die im authentischen Umfeld des Schulalltags durch gezielte Bewegungsprogramme 20 Wochen lang gefördert wurden. Die Bewegungsförderung wurde in den Sportunterricht integriert, wobei die regulären Sportlehrkräfte für die Umsetzung verantwortlich waren.

Den beteiligten Lehrerinnen und Lehrern wurde ein speziell für das Projekt entwickeltes Förderprogramm an die Hand gegeben, das auf den aktuellen wissenschaftlichen Erkenntnissen aufbaute. Wöchentlich wurden je zwei 15-minütige Einheiten des Programms umgesetzt. Bei diesen Einheiten handelte es sich um Lauf- und Fangspiele, die eine aerobe Belastung hervorrufen sollten und gleichzeitig kognitiv anspruchsvoll waren. Die exekutiv-funktionalen Leistungen der Schülerinnen und Schüler wurden sowohl vor als auch nach der 20-Wochen-Förderung anhand von computerbasierten Aufgaben gemessen und die Ergebnisse denen einer Kontrollgruppe, die nicht an dem Förderprogramm teilnahm, gegenübergestellt (vgl. Abbildung 3). Dabei stellte sich heraus, dass die Förderung die Inhibitionsleistung der Schülerinnen und Schüler positiv beeinflusste

Experimentalgruppe	**Kontrollgruppe**
Vortest	
Interventionsprogramm zur Förderung exekutiv-funktionaler Fähigkeiten	**kein** Interventionsprogramm
Nachtest	

Abbildung 3: Studiendesign der Interventionsstudie (verändert nach Boriss, 2015, S. 161).

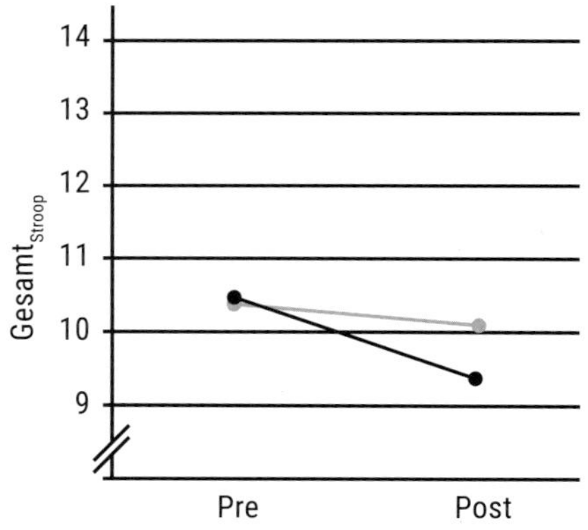

		n	M	SD
EG	$Gesamt_{Stroop}$ (Pre)	90	10,44	2,35
	$Gesamt_{Stroop}$ (Post)	90	9,31	1,83
KG	$Gesamt_{Stroop}$ (Pre)	87	10,35	1,95
	$Gesamt_{Stroop}$ (Post)	87	10,04	1,87

Abbildung 4: Gegenüberstellung der Leistungsentwicklung von EG (Experimentalgruppe) und KG (Kontrollgruppe) in der Inhibitionsleistung. Je geringer der Wert, desto besser die Leistung. Statistische Ergebnisse: F(1, 175)=9.35, p=.003, n2p=.051 (Boriss, 2015, S. 181)

(Boriss, 2015) (vgl. Abbildung 4). Aufgrund ihres positiven Effekts und der guten Resonanz seitens der Lehrkräfte und Schülerschaft bilden die Fördereinheiten die Grundlage der Spielesammlung in diesem Buch.

Ähnliche Bewegungseinheiten, die vor allem auf die koordinative Kompetenz der Schülerinnen und Schüler abzielten, hatten zusätzlich eine positive Wirkung auf die kognitive Flexibilität und die Updating-Leistung (Bohn, Boriss et al., 2014). Neben den exekutiven Funktionen wurden auch die Schulleistungen verbessert: Das exekutiv-funktional profilierte Programm beeinflusste die Mathematikleistung (Bohn, Boriss et al., 2014), das koordinativ profilierte Programm die Schreibleistung (Dirksen, Zentgraf et al., 2015) positiv.

Wie „wirkt" Bewegung im Gehirn?

Bewegungsaktivität steigert nachweisbar die Gehirnleistung, aber über welche Mechanismen? Die neurowissenschaftliche Forschung sieht die Ursachen für die geistige Leistungsförderung durch Bewegung vor allem in einer Aktivierung vernetzter Gehirnbereiche, einem Ausbau neuronaler Verbindungen, einer verbesserten Durchblutung des Gehirns sowie einer erhöhten Ausschüttung von Botenstoffen (vgl. Abbildung 5).

Neuronale Vernetzung. Im menschlichen Gehirn sind die Bereiche, die für motorische Prozesse zuständig sind, über neuronale „Leitungen"strukturell eng mit Bereichen verknüpft, die bei kognitiven Leistungen aktiviert werden. So ist bei einer Bewegung nicht nur der motorische Cortex im Gehirn, sondern zugleich auch der präfrontale Cortex aktiv, der reziproke Verbindungen zu nahezu allen Arealen der Großhirnrinde und zum limbischen System hat: „*Wie der Geschäftsführer eines Großunternehmens trägt der präfrontale Cortex Informationen aus allen Teilen*

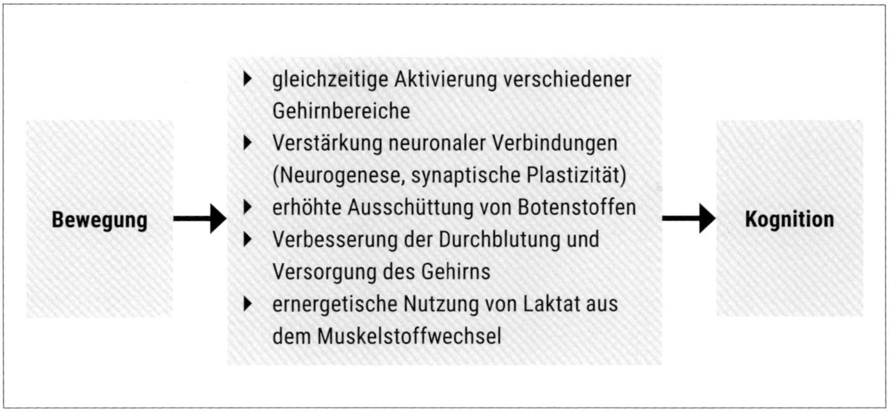

Abbildung 5: Schematische Darstellung der Einflüsse körperlicher Aktivität auf die Kognition

des Gehirns zusammen – von allen Sinnesorganen, von den Gedächtnis und Gefühle verarbeitenden limbischen Strukturen und von den subcortikalen Systemen, die Stimmung, Erregung und alle unsere elementaren Triebe steuern – wägt die Informationen ab, trifft eine Entscheidung und führt sie über die angrenzenden motorischen Felder des Stirnlappens aus" (Eliot, 2002, S. 573). Der prä-frontale Cortex wird mit den exekutiven Funktionen assoziiert (vgl. Abbildung 6).

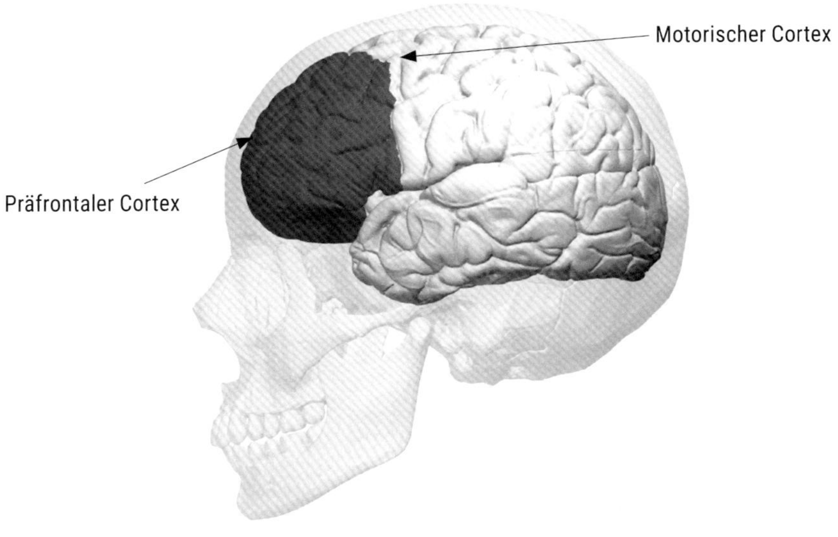

Abbildung 6: Der Präfrontale Cortex ist mit anderen Hirnbereichen eng vernetzt und gilt als Sitz der exekutiven Funktionen

Über die umfassenden neuronalen Verschaltungen „trainiert“ eine motorische Leistung also auch die primär kognitiven Hirnstrukturen – und das umso mehr, je anspruchsvoller die motorische Aufgabe ist (Best, 2010).

Plastizität. Das Gehirn mit seinen Milliarden von Nervenzellen ist kein starres Gebilde, sondern verändert sich ständig – und zwar ein Leben lang. 1998 wurde erstmals eine Nervenzellneubildung im Gehirn beobachtet. Diese Neurogenese wird in Abhängigkeit von Belastungsart, Dauer und Intensität der Bewegung unter anderem auch im Hippocampus angeregt, der eine wichtige Rolle für die Gedächtnisleistung spielt (Zimmer, Oberste et al., 2015). Bei jeder Wahrnehmung, jedem Gedanken und jeder Bewegung werden Nervenzellen aktiviert und die synaptischen Verbindungen zwischen ihnen ausgebaut. Umgekehrt werden Nervenzellen und Synapsen, die nicht genutzt werden, abgebaut. Auf aktuelle Anforderungen regiert das Gehirn also mit strukturellen Anpassungen.

Botenstoffe. Sportliche Aktivitäten fördern die Ausschüttung von neurotrophen Faktoren wie dem Protein BDNF (brain-derived neutrophic factor), die das Nervenzellwachstum und die Synapsentätigkeit vor allem in Langzeitgedächtnis-assoziierten Gehirnarealen in Vorderhirn, Großhirnrinde und Hippocampus anregen (Hollmann, Strüder et al., 2007; Mei, Nagappan et al., 2011). Von dem BDNF und einigen weiteren Nervenwachstumsfaktoren wird zudem angenommen, dass sie einen Nervenzell-schützenden Effekt und einen positiven Einfluss auf den Stoffwechsel von Neuronen haben (Zimmer, Oberste et al., 2015).

Bewegung fördert auch die Produktion von Neurotransmittern, vor allem im dopaminergen System. Damit wird die Reizweiterleitung in den Synapsen zwischen den Nervenzellen beschleunigt. Nachweislich erhöht sich die Transmitterkonzentration im synaptischen Spalt deutlich nach etwa 20 Minuten körperlicher Anstrengung, vor allem wenn diese mit kognitiven Anforderungen verknüpft ist (Kubesch, Walk et al., 2009; Pieramico, Esposito et al., 2012).

Hirndurchblutung. Sowohl das Blutvolumen als auch die Durchblutungsgeschwindigkeit in großen Teilen des Gehirns werden durch Sport, insbesondere Ausdauersport, gesteigert (Herholz, Buskies et al., 1987). Mit dem Blut gelangen mehr Sauerstoff (Tomporowski, Davis et al., 2008), Nährstoffe und Botenstoffe zu den Nervenzellen und Kohlenstoffdioxid und Abfallstoffe, auch Stresshormone, werden schneller abtransportiert.

Laktat. Bekannt ist Laktat als Stoffwechselprodukt, das bei körperlicher Anstrengung in den Muskeln entsteht. Je größer die Anstrengung, desto mehr Laktat wird gebildet. Seit Kurzem wird diskutiert, ob Laktat von den Nervenzellen im Gehirn als „Treibstoff“ zur Energieversorgung genutzt wird. Zudem hat Laktat Auswirkungen auf die Konzentration des für neuronale Prozesse wichtigen Proteins BDNF (Zimmer, Oberste et al., 2015).

Obwohl bildgebende Verfahren inzwischen viele Einblicke in das menschliche Gehirn und dessen Reaktion auf Bewegung und Sport ermöglichen, sind die Mechanismen noch nicht bis ins letzte Detail geklärt. Noch fehlen beispielsweise eindeutige Antworten auf die Frage, welchen Anteil eine Bewegungsausübung an sich und welchen Anteil die daraus resultierende physische Fitness an einer verbesserten kognitiven Leistung hat. Beide Aspekte lassen sich nur schwer voneinander trennen, da eine Bewegungsintervention häufig eine gleichzeitige Fitnessförderung zur Folge hat.

Wann ist eine Förderung der Lernleistung durch Bewegung besonders sinnvoll?

Die Frage nach der geeigneten Zielgruppe spielt eine wichtige Rolle – insbesondere für Lehrkräfte, die ein Fördervorhaben für ihre Schülerinnen und Schüler verfolgen. Bei der Beantwortung dieser Frage helfen wissenschaftliche Befunde über die altersgemäße Entwicklung exekutiver Funktionen. Bisherige kognitive Förderprogramme – ob mit oder ohne Bewegung – richten sich überwiegend an Kinder im Kindergartenalter. Dass deren kognitive Förderung sinnvoll ist, kann gewiss nicht bestritten werden, zumal bei Kleinkindern von besonders großen Entwicklungspotenzialen ausgegangen wird.

In Bezug auf das exekutive System ist jedoch zu hinterfragen, ob lediglich im Vorschulalter sogenannte „lernsensible Phasen“ vorliegen. Eine Fokussierung auf besonders junge Kinder ist hier skeptisch zu sehen, weil die Entwicklung exekutiver Funktionen im Gegensatz zu anderen kognitiven Funktionen etwas verzögert abläuft und der Reifeprozess verhältnismäßig spät – nämlich erst im späten Jugendalter – endet. Nach Untersuchungen schwedischer Psychologinnen entwickeln sich die exekutiven Funktionen vor allem im Alter von sechs bis acht Jahren, im Alter von neun bis zwölf Jahren und noch einmal in der frühen Jugend (Brocki & Bohlin, 2004). Demnach ist eine Förderung durchaus auch noch nach dem Vorschulalter sinnvoll.

Befunde aus dem Forschungsprojekt der Uni Münster bestätigten, dass eine Ausweitung der bisherig üblichen Fokussierung auf eine frühkindlichen Förderung sinnvoll ist und eine bewegungsbasierte Förderung auch noch im Sekundarschulalter positive Effekte erzielen kann: Im Vergleich der verschiedenen am Projekt teilnehmenden Altersgruppen waren es insbesondere die älteren Schülerinnen und Schüler (Altersdurchschnitt: 12 Jahre), die im Verlauf des Programms ihre exekutive Funktionen verbesserten (Eckenbach & Neuber, 2016).

Es gibt einen weiteren Grund, Interventionsmaßnahmen für Jugendliche dieser Altersstufe einzuplanen: Beim Übergang von der Primar- zur Sekundarstufe sehen sich Schülerinnen und Schüler oft vermehrt mit verunsichernden Anforderungen konfrontiert. Zu bildungsinstitutionellen Herausforderungen, vor allem einem erhöhten Leistungsdruck infolge des Schulwechsels, kommen entwicklungspsychologisch bedingte Veränderungen (Neuber, 2007). Heranwachsenden in dieser Zeit durch stringente und gleichzeitig motivierende Förderprogramme hilfreich zur Seite zu stehen, ist daher ein wichtiges Ziel.

Diesem Ziel hat sich dieses Buch verschrieben. Die Spielesammlung wurde konkret für Jugendliche, die sich in dem Wechsel von der Primar- zu der Sekundarstufe befinden, entwickelt, um sie in ihrer kognitiven Entwicklung – und damit in ihrer gesamten Persönlichkeitsentwicklung – zu unterstützen.

Was ist bei einer Lernförderung durch Bewegung zu beachten?
Wie lässt sich das nachweislich große Potenzial von Bewegung und Sport für die kognitive Förderung im Sportunterricht nutzen? Als Antwort auf diese Frage soll hier kein Rezept mit strikten Vorgaben präsentiert werden. Die Umsetzung eines starren Interventionskonzepts wäre schlecht vereinbar mit den Ansprüchen, die im Schulalltag aus pädagogischer und fachdidaktischer Sicht an den Unterricht gestellt werden – schließlich verfolgt der Sportunterricht vielfältige Ziele, die über die kognitive Förderung hinausgehen.

Statt um die sorgfältige Einhaltung definierter Regeln geht es daher um die Ausrichtung des Unterrichts an einigen Prinzipien, die sich als förderlich erwiesen haben und deren Umsetzung im Schulalltag möglich ist. Sobald ein grundlegendes Verständnis über den Kern exekutiver Funktionen besteht, kann jede Lehrkraft ihren eigenen Unterricht durch kleine Anpassungen individuell kognitiv förderlich gestalten. Dazu soll dieses Buch anregen.

In Anlehnung an einen Leitfaden zur individuellen, bewegungsbasierten Förderung exekutiver Funktionen (Boriss, 2015) werden nachfolgend einige Prinzipien für die Gestaltung eines kognitiv förderlichen Sportunterrichts vorgestellt und begründet.

Didaktische Passung. Die Empfehlung, nicht nach „Rezept" vorzugehen, sondern die Bewegungsübungen situativ anzupassen, ist dem Ziel verpflichtet, die seitens des Fachunterrichts bestehenden Vorgaben konsequent einzuhalten. Mit der angestrebten Lernförderung im Sportunterricht kann idealerweise der doppelte Auftrag des Schulsports – nämlich die Erziehung zum und durch Sport (Ministerium für Schule und Weiterbildung des Landes Nordrhein-Westfalen, 2014) – umgesetzt werden. Damit erfüllt der Sportunterricht in Übereinstimmung mit den fachdidaktischen Vorgaben zwei Aufgaben: die fachimmanente und die fachübergreifende Förderung. Durch Verweis auf diesen Doppelauftrag lässt sich ein Aufleben der Instrumentalisierungsdebatte vermeiden, wonach der Schulsport für allgemeine Zwecke wie die Lernförderung vereinnahmt wird (Scherler, 2008).

Einbindung in das Schulgeschehen. Eine erfolgreiche Implementation des Förderkonzepts ist nicht nur von den Strukturen auf Unterrichtsebene abhängig. Auch die Ebene des gesamten Schulgeschehens muss bedacht werden: So muss sichergestellt sein, dass die erforderlichen Räumlichkeiten zur Verfügung stehen. Bei einer starken Auslastung der Sporthallen können ggf. Alternativen, wie beispielsweise die Pausenhalle oder der Pausenhof, genutzt werden. Ebenso spielt die zeitliche Planung eine Rolle: Die Implementation regelmäßiger Bewegungseinheiten im Schulalltag kann einen Ausgleich zu den „denkintensiven“ Unterrichtsstunden schaffen. Dieses Argument vertritt auch das Konzept der Bewegten Schule (Thiel, Teubert et al., 2006). Allerdings ist stets zu prüfen, inwieweit ein solches Vorhaben mit den gegebenen Strukturen der Schule kompatibel ist.

Art der Belastung. Grundsätzlich kann sich jede körperliche Aktivität positiv auf mentale Prozesse auswirken. In der Regel verstärkt sich der Effekt, wenn es sich bei der Belastung um ausdauerorientierten Sport handelt. Noch besser wirken Ausdauerbelastungen, die einen kognitiven Anspruch an den Sporttreibenden stellen. Der kognitive Anspruch kann sich dabei konkret auf die drei Dimensionen exekutiver Funktionen (kognitive Flexibilität, Inhibition, Arbeitsgedächtnis) oder aber auch auf koordinativ anspruchsvolle Bewegungsübungen beziehen.

Dauer und Häufigkeit der Belastung. Wünschenswert ist eine gewisse Regelmäßigkeit über einen längeren Zeitraum. Je länger die Förderperiode insgesamt dauert, desto wirkungsvoller ist sie. Um Effekte auf kognitiver Ebene zu erzielen, empfiehlt es sich, die Beanspruchung mindestens 20 Minuten aufrecht zu erhalten. Je mehr Übungen wöchentlich durchgeführt werden, desto wahrscheinlicher ist der Erfolg.

Anleitung und Größe der Fördergruppe. Um exekutive Funktionen unter schulischen Rahmenbedingungen optimal zu fördern, sollte zunächst eine konkrete Anleitung durch die Lehrkraft erfolgen. Später kann es im Unterricht sinnvoll sein, Spielleiteraufgaben an (inaktive) Schüler oder Schülerinnen zu übertragen. Tendenziell ist eine Förderung in kleineren Gruppen effektiver als in einer Großgruppe. Indem Schülerinnen und Schüler als Spielleiter fungieren, können mehrere kleinere Gruppen parallel spielen.

Individualisierung der Inhalte. Das Prinzip der individuellen Förderung, wonach Unterricht an die persönlichen Vorbedingungen der einzelnen Schülerinnen und Schüler anknüpft, ist besonders bedeutsam bei einer exekutiv-funktionalen Förderung: Exekutive Funktionen werden vor allem dann geschult, wenn ein Individuum komplexe, kognitiv anspruchsvolle Situationen meistern muss. Aufgaben werden aber individuell unterschiedlich als schwer und herausfordernd empfunden. Im Idealfall sollte die Förderung so gestaltet sein, dass die Schülerinnen und Schüler möglichst genau an ihre individuellen Leistungsgrenzen geraten. Diese wünschenswerte Anpassung der Aufgaben kann leicht zu einer Überforderung der Lehrkräfte führen. Sie sollten daher versuchen, den Schülerinnen und Schülern mehr Eigenverantwortung zu übertragen.

Bedürfnisgerechte Ausrichtung. Um den Lernerfolg zu optimieren, sind neben den Leistungsunterschieden weitere Bedürfnisse der Gruppe zu berücksichtigen. Aufgaben werden erfolgreicher umgesetzt, wenn sich die Zielgruppe in ihren Interessen und Bedürfnissen beachtet fühlt und darauf mit entsprechender Motivation und Einsatzbereitschaft reagiert: ohne Teilnahme kein Fördereffekt! Die Aufgaben sind daher so auszuwählen, dass sich ein Aufforderungscharakter ergibt. Die Anforderungen der Zielgruppen können sich stark unterscheiden, häufig können Wahlmöglichkeiten oder das Zugeständnis von mehr Mitbestimmung positiv wirken. Bei der bewegungsbasierten Lernförderung kann es hilfreich sein, den Schülerinnen und Schülern den Sinn der gewählten Übungen und Spiele zu erläutern. Dass das Mitmachen Fortschritte auf kognitiver Ebene bewirken kann, kann ein überzeugendes Argument sein!

Bevor es losgeht: Hinweise zum Verständnis der Spielesammlung

Die in diesem Buch präsentierte Spielesammlung durchlief einen gründlichen Evaluationsprozess. In der zugrundeliegenden wissenschaftlichen Studie (Boriss, 2015) wurden die Bewegungsspiele als feste Interventionselemente in den Sportunterricht von Sechstklässlerinnen und Sechstklässlern integriert. Hauptsächlich greift die Spielesammlung auf erprobte Bewegungseinheiten mit kognitivem Schwerpunkt zurück, vereinzelt wurden Aufgaben mit visuellen, akustischen, kinästhetischen und vestibulären Anforderungen aus dem koordinativ profilierten Förderprogramm einbezogen (Dirksen, Zentgraf et al., 2015). In ihrer speziell für dieses Buch entwickelten Form stellen alle Spiele stets einen kognitiven Anspruch an die Spielerinnen und Spieler.

Rückmeldungen von Lehrkräften flossen in die Überarbeitung einiger Spiele ein. Neue Ideen wurden ergänzt, um eine praktikable Umsetzung der Spielesammlung zu gewährleisten. Inzwischen wurde das Konzept in zahlreichen Seminaren mit Studierenden sowie in Weiterbildungen mit Lehrkräften erfolgreich erprobt.

Bei den in diesem Buch vorgestellten Spielen handelt es sich überwiegend um altbekannte Lauf- und Fangspiele, die um zusätzliche Regeln ergänzt wurden. So ist beispielsweise auf besondere Signale in bestimmter Art und Weise spontan zu reagieren. Allerdings kommt es bei einer kognitiven Bewegungsförderung nicht primär darauf an, die vorgegebenen Spielanleitungen exakt umzusetzen: Die Anleitungen verstehen sich immer als Vorschlag! Es liegt in den Händen der Spielleitung bzw. der Lehrkraft, situations- bzw. zielgruppenbedingte Änderungen vorzunehmen, um ein Spiel beispielsweise an aktuelle Unterrichtsinhalte anzupassen.

Auch Vereinfachungen oder zusätzliche Regeln für Fortgeschrittene sind denkbar. Bei einem Großteil der Spiele wurden bereits optionale Regeln zur Erhöhung des Schwierigkeitsgrads ergänzt, die je nach Leistungsstand und Zeitrahmen umgesetzt werden können. Diese Erweiterung erlaubt einen Einsatz der Spiele in verschiedenen Altersgruppen des gesamten Sekundarschulbereichs. Außer im Sportunterricht sind die Spiele je nach Bedarf auch in anderen Bewegungssettings umsetzbar.

Die Spielesammlung gliedert sich grob in drei Kategorien:

- *Großgruppenspiele:* Spielerinnen und Spieler haben eine gemeinsame Aufgabe zu bewältigen. Manche Spiele haben Wettkampfcharakter, dabei spielt jeder für sich allein.
- *Mannschaftsspiele:* Hier ist der Wettkampfcharakter verstärkt. Es werden unterschiedlich große Gruppen gebildet, die um den Sieg konkurrieren.
- *Staffelspiele:* In dieser Spezialform der Mannschaftsspiele treten die Spielerinnen und Spieler als Mannschaft in einer Staffel gegeneinander an.

Bei den Spielenbeschreibungen ist jeweils angegeben, welche *Komponenten der exekutiven Funktionen* – Kognitive Flexibilität, Inhibition, Arbeitsgedächtnis – besonders gefördert werden. Häufig sprechen die Spiele zwei oder sogar alle drei Komponenten an, dies jedoch in unterschiedlicher Intensität. Bei wiederholtem Spieleeinsatz wird die Lehrkraft mehr und mehr ein Gespür dafür entwickeln, durch welche Aktionen die verschiedenen Komponenten der exekutiven Funktionen bei ihren Schülerinnen und Schülern eingefordert und geübt werden können. Mit zunehmender Sensibilisierung für die jeweiligen Förderschwerpunkte kann die Lehrkraft in Abstimmung mit ihrem eigenen Unterricht passende eigene Übungen entwickeln.

Bei jedem Spiel wird zudem der *Aktivitätslevel* zwischen + und +++ angegeben. Damit lässt sich abschätzen, in welcher Unterrichtsphase die Übung am besten einzusetzen ist.

Die *Dauer* der einzelnen Übungen variiert zwischen zehn und 45 Minuten, sodass je nach Bedarf oder zur Verfügung stehender Zeit ausgewählt werden kann. Bei den Zeitangaben wurde neben der eigentlichen Spielzeit auch der zeitliche Aufwand für Aufbau und Erklärung berücksichtigt. Werden die optionalen Spielerweiterungen umgesetzt, verlängert sich die Umsetzungsdauer.

Spielleiterin oder Spielleiter werden möglicherweise feststellen, dass auch die Anleitung der Spiele mit einer gewissen kognitiven Herausforderung einhergeht: So sind manche *Spielregeln* relativ umfangreich, vor allem, wenn Zusatzregeln zur Erhöhung des Schwierigkeitsgrads umgesetzt werden sollen. Außerdem fordern manche Spielregeln genau die gegenteilige Reaktion, als intuitiv angenommen wird. Gerade darin besteht jedoch die exekutiv-funktionale Anforderung. Daher ist das eventuell entstehende Anfangschaos im Spielgeschehen ausdrücklich erwünscht!

Vor allem bei Spielbeginn wird also von der Lehrkraft eine gewisse Toleranz gegenüber unübersichtlichen Situationen verlangt, die durchaus einen gewissen Fördereffekt auf die Lehrkraft selbst haben können: Auch bei Erwachsenen lassen sich exekutive Funktionen noch fördern! Für alle Beteiligten gilt, dass eine solche Förderung insbesondere dann erfolgt, wenn neuartige und komplexe Situationen zu bewältigen sind.

Gerade bei Mannschaftsspielen fällt es der Spielleitung manchmal schwer, den Überblick zu behalten. Um das Zählen von erzielten Punkten zu vereinfachen und zu richtigen Ergebnissen zu kommen, empfiehlt es sich daher vor allem bei komplizierten Spielen, Schülerinnen oder Schüler in das Schiedsgericht einzubeziehen.

Die Spiele unterscheiden sich in Bezug auf ihren *Materialaufwand*:

- Manche Spiele kommen gänzlich ohne Spielutensilien aus.
- Bei anderen Spielen werden Bälle, Kästen und Geräte benötigt, die gewöhnlich in Sporthallen vorhanden sind (*Hallenmaterial*). Je nach zur Verfügung stehenden Ressourcen können auch Anpassungen im eingesetzten Material vorgenommen werden.
- Bei einigen Spielen ist spezielles Material, wie z. B. Spielkarten, erforderlich. Diese Spielutensilien werden als *Downloadmaterial* (s. Code hinten im Buch) kostenlos zur Verfügung gestellt.
- Für manche Spiele sind Utensilien wie Trillerpfeife, Würfel, Wäscheklammern oder Luftballons notwendig, die von der Lehrkraft zur Verfügung gestellt werden müssen.

Sämtliche Spiele sind mit der *Gruppenstärke* einer Schulklasse spielbar. Bei manchen Spielen sind die erforderlichen Materialien der tatsächlichen Spielerzahl anzupassen.

Bei einigen Mannschaftsspielen ist es ratsam, eine große Gruppe in mehrere kleinere Spielgruppen zu teilen, um den Fördereffekt zu optimieren. Fehlt der Platz, um alle Gruppen zeitgleich nebeneinander spielen zu lassen, wechseln sich die Gruppen ab, pausieren zwischen ihren Einsätzen und übernehmen Aufgaben als Spielbeobachter oder Schiedsrichter.

Spielesammlung

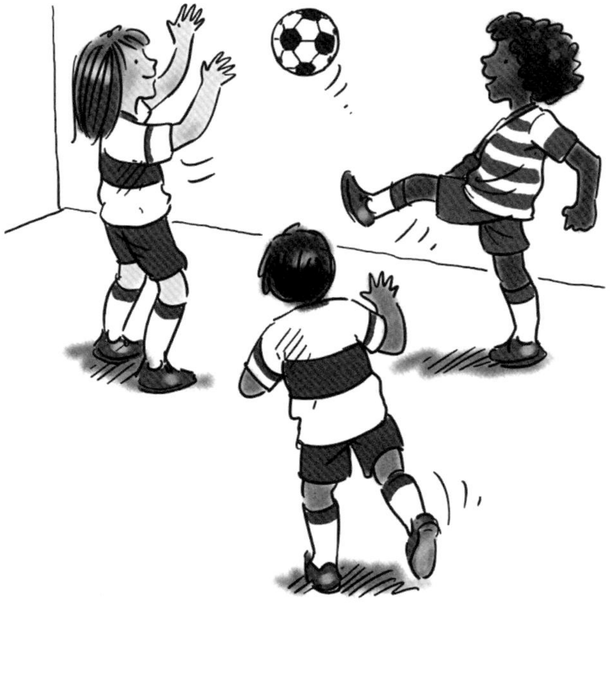

1 Stroop Steps

Dauer: 10 Minuten

Aktivitätslevel: +

Material:
- Kreppband
- Hallenmaterial: 4 Kästen
- Download-Material: 16 Stroop Steps-Farbkarten, 4 Stroop Steps-Wortkarten

Geförderte Komponenten:
Inhibition: + + +

Spielanleitung

- Die Spieler stehen in Reihen versetzt hintereinander, sodass sie gemeinsam einen Block bilden und den vorn stehenden Spielleiter gut sehen können. Dabei sollte jeder Spieler so viel Bewegungsfreiraum haben, dass er die Arme ausstrecken kann, ohne seinen Nachbarn zu berühren.
- Um den Spielerblock herum (vorn, hinten, rechts und links) sind vier hohe Kästen aufgestellt, an denen die in Schwarz geschriebenen Wortkarten („ROT" – „GELB" – „LILA" – „BLAU") befestigt sind. Auch diese müssen für die Spieler gut sichtbar sein.

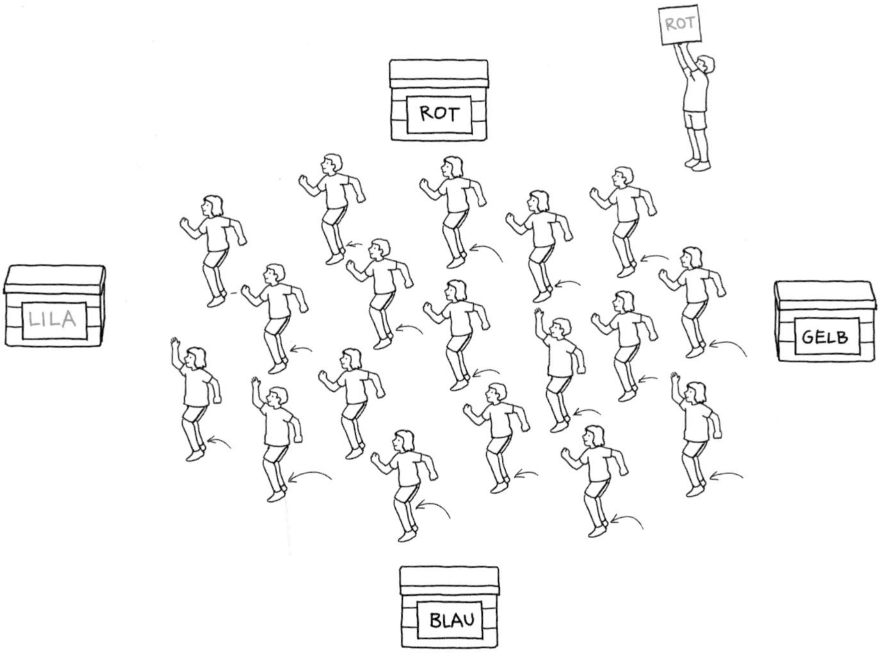

- Der Spielleiter hält in regelmäßigen Abständen eine der Farbkarten hoch. Auf diesen sind ebenfalls Farbbezeichnungen geschrieben. Allerdings sind diese im Gegensatz zu den Wortkarten an den Kästen in Farbe (z. B. in BLAU) geschrieben. Parallel zu diesem visuellen Signal ruft der Spielleiter das zu lesende Wort (z. B. „GELB“) laut aus.
- Bei jeder hochgehaltenen Karte sollen die Spieler möglichst schnell mit geschlossenen Beinen (Standsprung) in Richtung des Kastens springen, auf dem das zur Karte passende Farbwort steht. Ausschlaggebend ist allerdings nicht die Wortbedeutung der hochgehaltenen Karte, sondern die Farbe der Schrift. *Beispiel:* Der Spielleiter hält die Karte mit der lila gefärbten Aufschrift „ROT“ hoch und sagt „ROT“. Die Spieler müssen dann einen Sprung in Richtung des Kastens machen, auf dem „LILA“ steht.
- Zu Beginn des Spiels sollte der Spielleiter nur die vier Farbkarten benutzen, bei denen Farbe und Wortbedeutung übereinstimmen. Nach einigen Durchgängen werden dann alle Karten miteinbezogen

Erhöhung des Schwierigkeitsgrads
Der Spielleiter nennt beim Hochhalten einer Karte eine beliebige der vier Farben („ROT“ – „GELB“ – „LILA“ – „BLAU“), die weder mit der Wortbedeutung noch mit der Farbe der Schrift übereinstimmen muss. Die Spieler müssen weiterhin auf die Farbe, in der das Wort geschrieben ist, reagieren.
Beispiel: Der Spielleiter hält die Karte mit der roten Aufschrift „GELB“ hoch und sagt: „LILA“. Die Spieler müssen dann einen Sprung in Richtung des Kastens machen, auf dem „ROT“ steht.

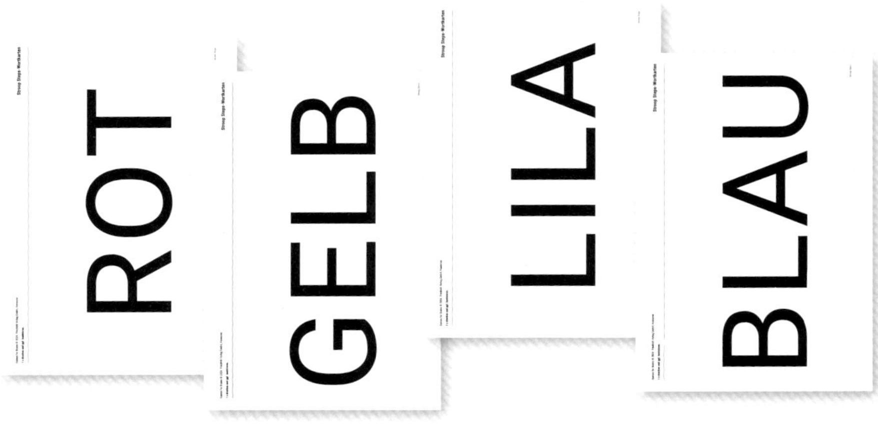

2 mursrednA

Dauer: 10 Minuten

Aktivitätslevel: + +

Material:
- 1 Pfeife
- Download-Material: 1 mursrednA-Spielkarte

Geförderte Komponenten:
Inhibition: + + + | Kognitive Flexibilität: + +

Spielanleitung

- Die Spieler stehen in Reihen versetzt hintereinander, sodass sie gemeinsam einen Block bilden und den vorn stehenden Spielleiter gut sehen können.
- Der Spielleiter hält die musrednA-Spielkarte mit dem Pfeil hoch und zeigt damit im Abstand weniger Sekunden in verschiedene Richtungen. Die Spieler sollen mit einer Bewegung reagieren und die Richtung nennen **(Version A):**
  - *Pfeil nach oben:* Hocksprung („Oben" sagen)
  - *Pfeil nach unten:* auf den Boden setzen („Unten" sagen)
  - *Pfeil nach rechts:* Seitgalopp nach rechts („Rechts" sagen)
  - *Pfeil nach links:* Seitgalopp nach links („Links" sagen)
- Nach einigen Durchgängen werden die Regeln verändert: Die Spieler sollen weiterhin die entsprechenden Bewegungen machen, dabei aber die gegenteilige Richtung nennen **(Version B)**.
  - *Pfeil nach oben:* Hocksprung („Unten" sagen)
  - *Pfeil nach unten:* auf den Boden setzen („Oben" sagen)
  - *Pfeil nach rechts:* Seitgalopp nach rechts („Links" sagen)
  - *Pfeil nach links:* Seitgalopp nach links („Rechts" sagen)
- Nach einigen weiteren Durchgängen werden die Regeln abermals verändert: Die Spieler sollen nun die gegenteilige Bewegung ausführen, dabei aber die Richtung nennen, in die der Pfeil tatsächlich zeigt **(Version C)**.
  - *Pfeil nach oben:* auf den Boden setzen („Oben" sagen)
  - *Pfeil nach unten:* Hocksprung („Unten" sagen)
  - *Pfeil nach rechts:* Seitgalopp nach links („Rechts" sagen)
  - *Pfeil nach links:* Seitgalopp nach rechts („Links" sagen)

Erhöhung des Schwierigkeitsgrads

Die Varianten B und C werden verknüpft: Ertönt bei Richtungsänderung ein Pfiff, müssen die Spieler die Bewegung ausführen, die der Pfeilrichtung entspricht aber die gegenteilige Richtung nennen. Ohne Pfiff müssen die Spieler die gegengleiche Bewegung ausführen, aber die tatsächliche Richtung nennen.

3 Bewegungskoffer

Dauer: 10 Minuten

Aktivitätslevel: + +

Material:
- Musik

Geförderte Komponenten:
Inhibition: + | Kognitive Flexibilität: + | Arbeitsgedächtnis: + + +

Spielanleitung

- Die Spieler bilden Dreier- oder Vierergruppen. Musik ertönt. Die Mitglieder jeder Gruppe laufen in einer Reihe hintereinander durch die Halle.
- Der vordere Spieler jeder Gruppe führt zum Takt der Musik eine Bewegung (z. B. Seitgalopp, Armkreisen ...) aus, die sich die anderen Gruppemitglieder einprägen (ohne sie mit umzusetzen). Danach begibt sich der vordere Spieler an das Ende der Reihe, sodass die Gruppe von dem zweiten Spieler angeführt wird.
- Der neue Vordermann wiederholt die Bewegung des ersten Spielers und hängt eine eigene Bewegungsform an, bevor er ans Ende der Reihe wechselt.
- Der drittte Spieler macht nun die zwei ersten Bewegungen nach und erfindet eine neue usw.
- Alle Spieler in der Reihe überprüfen, ob der Vordermann alle Bewegungen korrekt durchführt und korrigieren gegebenenfalls. Weiß keiner mehr die korrekte Bewegungsfolge, kann eine neue Runde gestartet werden.
- Zum Schluss kann der Spielleiter überprüfen, wie viele Bewegungen jede Gruppen aneinanderreihen kann, indem er sie diese präsentieren lässt.

Erhöhung des Schwierigkeitsgrads

Wenn der Spielleiter die Musik ausstellt, müssen die Spieler auf bestimmte Anweisungen des Spielleiters achten. Ruft er die Zahl 2, wird nur noch jede zweite Bewegung durchgeführt bis die Musik wieder angeht. Weitere Möglichkeiten sind z. B. „Minus“ (die Reihenfolge muss rückwärts durchlaufen werden) oder „Wirrwarr“ (die Spieler müssen jede zweite Bewegung doppelt ausführen). Die Anweisung hat immer nur für den nächsten Spieler Gültigkeit, danach wird wie zuvor weitergespielt.

4 Memo-Battle

Dauer: 20 Minuten **Aktivitätslevel:** +

Material:
- 3 Wäscheklammern (je Spieler)
- Hallenmaterial:1 kleine Matte (je Gruppe)
- Download-Material: 1 Set Memo-Battle-Spielkarten (je Gruppe)

Geförderte Komponenten:
Arbeitsgedächtnis: + + +

Spielanleitung

- Je drei Spieler bilden eine Gruppe. Jede Gruppe spielt für sich.
- Vor jeder Gruppe liegt eine kleine Matte. Jeder Spieler erhält drei Wäscheklammern, die er an seine Kleidung klemmt.
- Nacheinander treten die drei Spieler jeder Gruppe in Aktion:
  - *Spieler 1* einer Gruppe macht eine Bewegung seiner Wahl (z. B. eine Kerze, eine Körperwelle ...) auf der Matte vor. Dabei soll es sich um eine Bewegung handeln, die beide Mitspieler ausführen können. Die Mitspieler müssen sich diese Bewegung merken.
  - *Spieler 2* wiederholt die Bewegung des ersten und ergänzt eine eigene Bewegung.
  - *Spieler 3* macht alle Bewegungen nach und erweitert die Folge um eine neue eigene Bewegung. Danach ist wieder der erste Spieler an der Reihe.
- Die Wäscheklammern dienen der Punktevergabe:
  - Macht ein Spieler bei der Wiedergabe einer Bewegung einen Fehler, gibt er dem Mitspieler, dessen Bewegung er falsch ausgeführt hat, eine seiner Wäscheklammern (die eigenen Bewegungen werden nicht berücksichtigt). Der Spieler, der in der Gruppe am Ende der Spielzeit die meisten Wäscheklammern vorweisen kann, ist der Sieger.
  - Kann sich keiner der Spieler an die korrekte Reihenfolge erinnern, wird mit einer neuen Bewegungsfolge begonnen.

Hinweis: In Kombination mit Bällen lassen sich lebenfalls einprägsame Bewegungen aneinanderreihen, z. B. Hochwerfen und Drehen; Hochwerfen und in die Hände klatschen.

Erhöhung des Schwierigkeitsgrads

1. Vor jeder Gruppe liegt ein Stapel mit Memo-Battle-Karten, auf denen Anweisungen zum Umgang mit den vorgemachten Bewegungen stehen:
   - „Gib die Bewegungen in umgekehrter Reihenfolge wieder!"
   - „Gib nur jede zweite Bewegung wieder!"
   - Jokerkarte: „Du hast Glück und darfst nur eine Bewegung falsch machen!"

Der Spieler, der an der Reihe ist, nimmt die oberste Karte vom Stapel und führt die Anweisung aus. Die benutzten Karten werden auf einen Ablagestapel gelegt. Sind alle Karten verbraucht, wird der Ablagestapel gemischt und wiederverwendet.

2. Es wird ein Zeitlimit eingeführt: Die Spieler haben pro Bewegung nur zehn Sekunden Bedenkzeit.

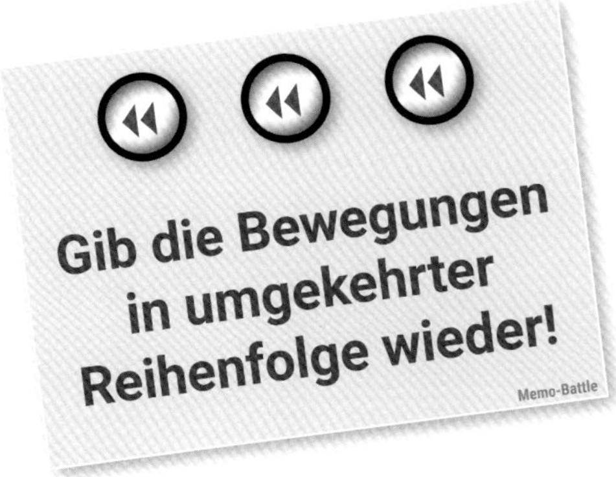

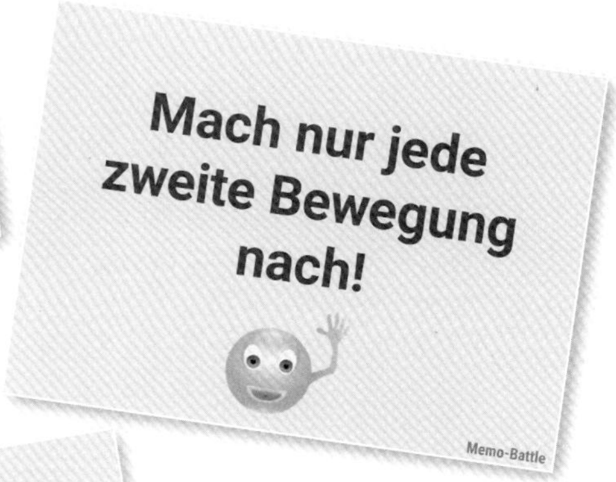

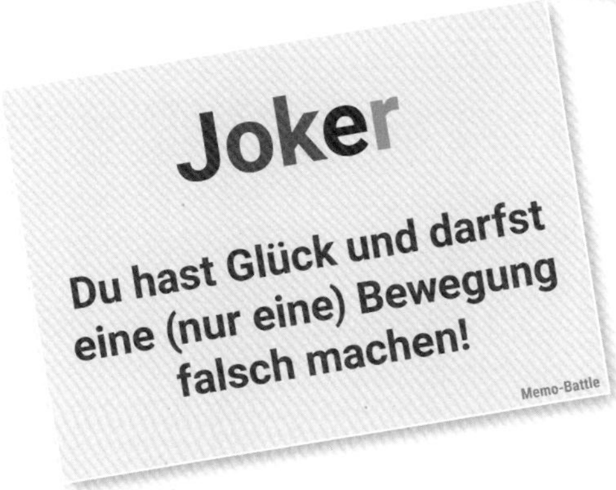

5 Move it – move it

Dauer: 10 Minuten

Aktivitätslevel: + +

Material:

- 3 Wäscheklammern (je Spieler)
- Hallenmaterial (je Gruppe): 1 kleine Matte
- Download-Material (je Gruppe): 18 Move it – move it-Spielkarten, 6 Move it – move it – Spielkarten (Erweiterung)

Geförderte Komponenten:
Inhibition: + + | Arbeitsgedächtnis: + + +

Spielanleitung

- Je etwa vier Spieler bilden eine Gruppe. Jede Gruppe spielt für sich.
- Die Spieler einer Gruppe stehen im Kreis um eine kleine Matte herum. Jeder Spieler erhält drei Wäscheklammern, die er sich an die Kleidung heftet. Die Move it – move it-Spielkarten liegen in einem Stapel verdeckt neben der Matte. Die Karten geben bestimmte Übungen vor: 3 Hampelmänner, 2 Drehsprünge, 3 Kniebeugen, 2 Sit-ups, 2 Liegestütze, 1 Sit-up & 1 Drehsprung …
- Die Spieler treten gegeneinander an: Reihum deckt ein Spieler eine Karte vom Stapel auf, zeigt den Mitspielern, was darauf steht (z. B. „2 Liegestütze"), legt die Karte verdeckt auf einen separaten Ablagestapel und macht die vorgegebene Bewegung auf der Matte vor.
- Der zweite Spieler deckt ebenfalls eine Karte auf, zeigt sie den anderen und legt sie auf den Ablagestapel. Danach wiederholt er zunächst die Bewegung seines Vorgängers und führt dann die Bewegung nach Anweisung auf der selbstaufgedeckten Karte aus.
- Der dritte Spieler muss nach Aufdecken einer weiteren Karte die beiden vorherigen Bewegungen wiederholen und schließt dann die neue Bewegung an. So geht es reihum weiter.
- Sobald ein Spieler einen Fehler macht, gibt er eine Wäscheklammer ab. Ob er einen Fehler gemacht hat, wird von seinen Kontrahenten und bei Bedarf anhand der abgelegten Karten überprüft.
- Immer wenn ein Spieler einen Fehler macht, hat der nächste Spieler die Möglichkeit, die korrekte Abfolge zu präsentieren, ohne zuvor eine Karte mit einer neuen Bewegungsanweisung aufzudecken. Gelingt es ihm ebenfalls nicht, gibt auch er eine Wäscheklammer ab und legt sie neben die Matte. Gelingt es ihm, behält er seine Klammern und der nächste Spieler ist mit dem Aufdecken einer neuen Karte an der Reihe.

Hinweis: Spieler, die bereits eine Wäscheklammer verloren habe, müssen in derselben Runde keine weitere Klammer abgeben.

- Erst wenn nur noch ein Spieler in der Gruppe übrig ist, der keine Wäscheklammer in der Runde abgeben musste, wird mit einer neuen Runde (Abfolge) begonnen.
- Der Wettkampf endet, sobald alle Karten des Stapels aufgedeckt wurden. Derjenige Spieler, der dann noch die meisten Wäscheklammern hat, gewinnt.

Erhöhung des Schwierigkeitsgrads

In den Kartenstapel werden sechs Verbotskarten untergemischt. Auf ihnen ist abgebildet, welche Bewegungen für die aktuelle Runde verboten und durch welche Bewegungen sie zu ersetzen sind. Ist beispielsweise die Bewegung „Liegestütz“ verboten und soll durch „Sit-ups“ ersetzt werden, müssen sämtliche Liegestütze in der aktuellen Runde durch Sit-ups ersetzt werden.

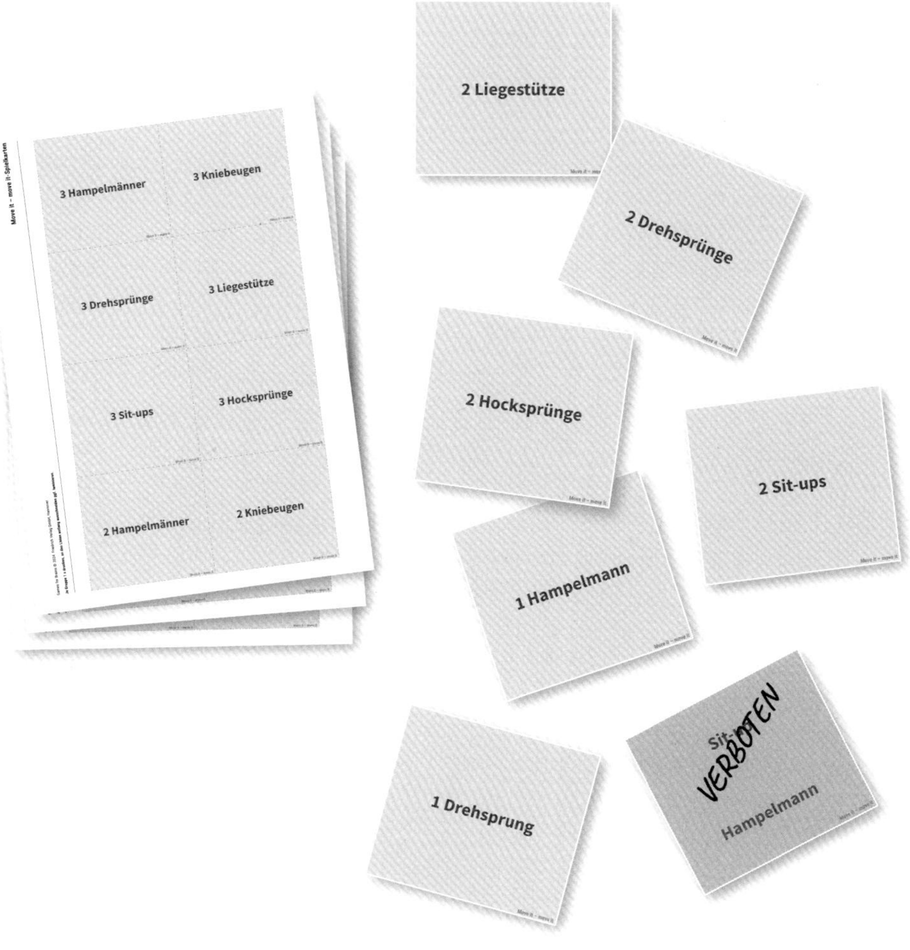

6 Think & Dance

Dauer: 20 Minuten

Aktivitätslevel: + +

Material:
- Musik

Geförderte Komponenten:
Arbeitsgedächtnis: + + +

Spielanleitung

- Je etwa sechs Spieler bilden eine Gruppe. Jede Gruppe spielt für sich. Die Spieler einer Gruppe stehen im Kreis. Es läuft Musik.
- Ein Spieler geht in die Mitte des Kreises, macht eine Bewegung/einen Tanzschritt vor und wiederholt diesen einige Male. Die anderen Spieler setzen mit ein und machen die Bewegung im Kreis nach.
- Die Bewegung wird so lange wiederholt, bis alle sie relativ sicher beherrschen. Der Spieler in der Kreismitte reiht sich dann wieder ein.
- Der nächste Spieler geht in die Mitte des Kreises, wiederholt die Bewegung seines Vorgängers und hängt eine eigene Bewegung an. Die anderen Spieler machen mit.
- Immer wenn sich ein Spieler wieder in den Kreis eingereiht hat, fügen alle Spieler gemeinsam die einzelnen Bewegungslemente zu einer Choreographie aneinander.
- Alle Spieler sollten mindestens einmal im Kreis gewesen sein. Je nach Merkfähigkeit und Kreativität kann jeder Spieler noch weitere eigene Elemente beisteuern.
- Falls gewünscht, wird den Gruppen etwas Zeit gegeben, die entstandene Choreographie für eine Präsentation einzustudieren.
- Zum Schluss werden die unterschiedlichen Choreographien präsentiert.

Hinweis: Der Spielleiter sollte bei der Einführung betonen, dass der Tanzstil nicht perfekt sein muss – gewünscht ist eine Kombination witziger Bewegungen zum Takt der Musik. Die gewählten Bewegungen sollten keine Kunststücke, sondern von jedem nachzumachen sein!

7 Crazy Circle

Dauer: 10 Minuten

Aktivitätslevel: + +

Material:
- 1 Pfeife

Geförderte Komponenten:
Inhibition: + + | Kognitive Flexibilität: + +

Spielanleitung

- Für dieses Spiel eignet sich eine Gruppenstärke von 10–15 Personen. Bei großen Spielergruppen bietet es sich an, die Gruppe zu teilen.
- Die Spieler stehen nebeneinander im Kreis; ein Spieler läuft als „Herausforderer“ außen um den Kreis herum. Der Herausforderer tickt im Vorbeilaufen den Rücken eines beliebigen Mitspielers an und ruft dabei entweder „Komm mit!“ oder „Lauf weg!“.
- Der angetickte Spieler verlässt den Kreis:
  - Beim Kommando „Komm mit!“ läuft er hinter dem Herausforderer her und versucht, ihn zu fangen bzw. zu ticken, bevor dieser den frei gewordenen Platz im Kreis einnehmen kann.
  - Bei „Lauf weg!“ läuft er entgegen der Laufrichtung des Herausforderers und versucht, vor diesem wieder an seinem Platz im Kreis zu kommen.
- Schafft es der angetickte Spieler, den Herausforderer rechtzeitig abzufangen bzw. erreicht er zuerst seine Lücke im Kreis, muss der Herausforderer einen neuen Kandidaten suchen. Andernfalls werden die Rollen getauscht.

Erhöhung des Schwierigkeitsgrads

1. Der Herausforderer gibt kein akustisches Signal mehr – nun bestimmt die Seite, an der er einen Mitspieler tickt, in welche Richtung dieser laufen muss:
   - Wird die linke Schulter getickt, muss der Getickte in die gleiche Richtung wie der Herausforderer laufen und versuchen, ihn zu fangen.
   - Wird die rechte Schulter getickt, muss der Spieler in die entgegengesetzte Richtung laufen und versuchen, als erster die freie Lücke zu besetzen.
2. Der Herausforderer kann spontan entscheiden, ob er ein akustisches Signal („Komm mit!“ – „Lauf weg!“) oder ein taktiles Signal (Antippen der rechten oder linken Schulter) gibt.
3. Die Bedeutung der Signale wird bei einem Pfiff des Spielleiters getauscht.

8 Clap & React

Dauer: 10 Minuten

Aktivitätslevel: + +

Material:
- 3 Wäscheklammern (je Spieler)

Geförderte Komponenten:
Inhibition: + + + | Kognitive Flexibilität: + +

Spielanleitung

- Alle Spieler und der Spielleiter stehen im Kreis mit dem Gesicht zur Mitte. Jeder Spieler erhält drei Wäscheklammern, die er sich an die Kleidung klemmt.
- Spieler und Spielleiter joggen auf der Stelle. Der Spielleiter gibt per Kommando vor, welche Bewegungen die Spieler ausführen sollen:
  - *„rein“* = Die Spieler laufen vorwärts in den Kreis hinein.
  - *„raus“* = Die Spieler laufen rückwärts aus dem Kreis heraus.
  - *„hoch“* = Die Spieler machen einen Strecksprung.
  - *„tief“* = Die Spieler berühren mit den Händen den Boden.
  - *„Kreis“* = Die Spieler drehen sich einmal um die Längsachse.
  - *„Welle“* = Die Spieler machen eine Wellenbewegung mit den Armen.

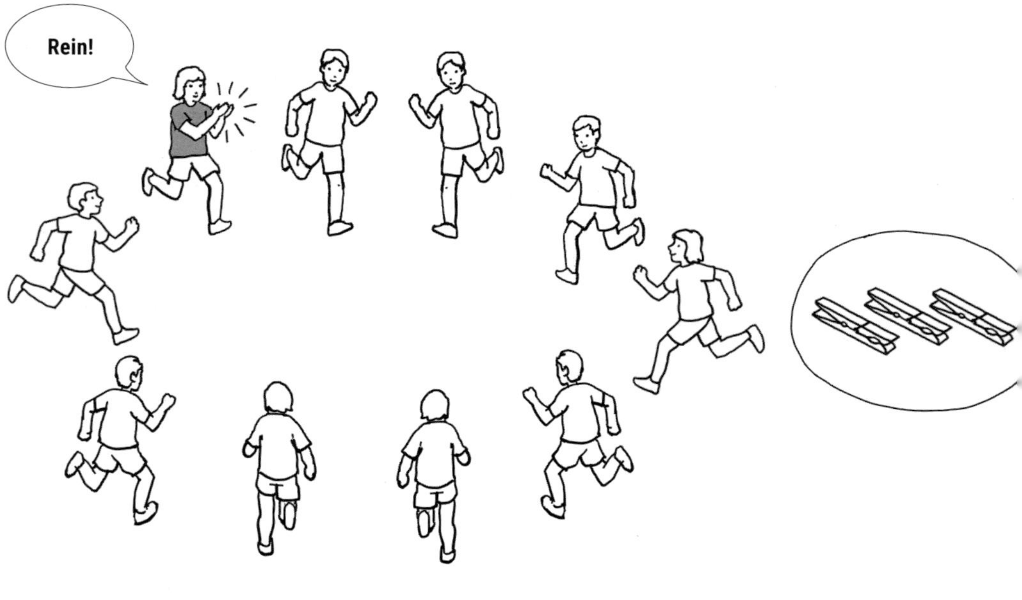

Achtung:

- Die Spieler dürfen nur dann auf die Kommandos des Spielleiters reagieren, wenn dieser zuvor zweimal in die Hände geklatscht hat.
- Als zusätzliche Erschwernis kommt hinzu, dass sich die Bewegungen des Spielleiters von den verlangten Aktionen unterscheiden können: So kann er beispielsweise auch agieren, wenn er vorher nicht geklatscht hat, oder er macht eine Körperwelle, wenn per Kommando ein Strecksprung gefragt ist.
- Hat ein Spieler falsch reagiert, wirft er eine seiner Klammern in die Mitte des Kreises. Wer bereits all seine Klammern abgeben musste, darf trotzdem weiterhin an dem Spiel teilnehmen
- Es gewinnt der Spieler, der zum Schluss noch die größte Anzahl an Wäscheklammern besitzt.

Erhöhung des Schwierigkeitsgrads

1. Nur wenn der Spielleiter vor einem Kommando drei- statt zweimal in die Hände klatscht, darf es ausgeführt werden. Außerdem wird die Bedeutung des Kommandos umgekehrt:
   - *„rein“* = Die Spieler laufen rückwärts aus dem Kreis heraus.
   - *„raus“* = Die Spieler laufen vorwärts in den Kreis hinein.
   - „hoch“ = Die Spieler berühren mit den Händen den Boden.
   - „tief“ = Die Spieler machen einen Strecksprung.
   - *„Kreis“* = Die Spieler machen eine Wellenbewegung mit dem Körper.
   - „Welle“ = Die Spieler drehen sich einmal um die Längsachse.
2. Der Spielleiter kombiniert die beiden Spielvarianten und setzt die Kommandos flexibel ein: Je nachdem, ob er vor dem Kommando zwei- oder dreimal in die Hände klatscht, muss mit den ursprünglichen oder den umgekehrten Bewegungen reagiert werden.

9 Colour Bouncing

Dauer: 10 Minuten

Aktivitätslevel: + +

Material:

- 1 Pfeife
- Hallenmaterial: 1 Handball (je Spieler); 1 Seil (je zwei Spieler)
- Download-Material: 4 Standard-Farbkarten (blau, gelb, rot, lila)

Geförderte Komponenten:

Inhibition: + | Kognitive Flexibilität: + +

Spielanleitung

- Alle Spieler joggen einen Ball prellend durch die Halle. In kurzen, regelmäßigen Abständen hebt der Spielleiter parallel zu einem akustischen Signal („Hepp“) eine Farbkarte hoch. Je nach Farbe müssen die Spieler verschiedene Aktionen durchführen:
  - *Blau:* Die Spieler prellen den Ball mit der anderen Hand.
  - *Gelb:* Die Spieler laufen rückwärts und prellen dabei weiterhin den Ball.
  - *Rot:* Die Spieler prellen den Ball in folgender Abfolge: kniehoch, hüfthoch, schulterhoch.
  - *Lila:* Die Spieler bewegen sich hüpfend fort und prellen dabei den Ball.
- Die Farb-Aktion-Zuordnungen werden einige Male durchgespielt. Dann wird ein zweites akustisches Signal („Bounce“) eingeführt, das anstelle des ersten Signals genutzt werden kann. Auf das Kommando „Bounce“ müssen die Spieler wie folgt auf die Farbkarten reagieren:
  - *Blau:* Die Spieler prellen den Ball mit beiden Händen.
  - *Gelb:* Die Spieler laufen seitwärts in Überkreuzschritten und prellen dabei weiterhin den Ball.
  - *Rot:* Die Spieler prellen den Ball abwechselnd mit ihrer linken und rechten Hand.
  - *Lila:* Die Spieler laufen in Slalomlinien durch die Halle und prellen dabei weiterhin den Ball.
- Bei einem Pfiff des Spielleiters wechseln die Spieler per Bodenpass den Ball mit der Person, die ihnen am nächsten steht.

Erhöhung des Schwierigkeitsgrads

An den Komandos und Aktionen ändert sich nichts. Die Umsetzung wird jedoch dadurch erschwert, dass stets zwei Spieler mit einem Seil an ihrem Fußgelenk miteinander verbunden sind.

10 Chaos Completto

Dauer: 10 Minuten

Aktivitätslevel: +

Material:
- Hallenmaterial: 15 – 20 verschiedene prellbare Bälle

Geförderte Komponenten:
Kognitive Flexibilität: + +
Arbeitsgedächtnis: + + +

Spielanleitung

- Die Spieler stellen sich in einem Kreis auf und merken sich, wer ihr rechter Nachbar ist. Etwa ein Drittel der Spieler erhält einen Ball.
  Hinweis: Es sollte sich um verschiedene prellbare Bälle handeln.
- Alle Spieler joggen durch die Halle. Wer einen Ball hat, prellt ihn während des Laufens.
- Auf Kommando des Spielleiters („Hepp") suchen die Spieler nach ihrem ehemaligen rechten Nachbarn und werfen ihm den Ball zu.
- Der Spielleiter gibt nach und nach weitere Bälle ins Spiel, wodurch ein immer größer werdendes Chaos entsteht.
- Nach ein paar Durchgängen baut der Spielleiter neben dem Signal „Hepp" alternative Signale in Form von Rechenaufgaben ein, die er laut ausruft. Die Ergebnisse müssen zwischen 1 und 4 liegen (Beispiel: „6 minus 2"). Je nach errechnetem Zahlenwert werden folgende Aktionen verlangt:
  - *1:* Der Ball wird nicht geworfen, sondern gerollt.
  - *2:* Der Ball wird mit der schwachen Hand geworfen.
  - *3:* Der Ball muss vor dem Fangen einmal auf dem Boden aufkommen.
  - *4:* Der Ball wird hochgeworfen und vom Spieler selbst wieder gefangen.

Erhöhung des Schwierigkeitsgrads

Im Spielverlauf stellt der Spielleiter auch Rechenaufgaben, deren Ergebnis größer als 4 ist. In diesen Fällen gelten die folgenden Regeln:
- *Ungerades Ergebnis ≥ 5:* Es werden nur die Spieler angespielt, bei denen der Anfangsbuchstabe des Vornamens zwischen A und M liegt.
- *Gerades Ergebnis ≥ 6*: Es werden nur die Spieler angespielt, deren Anfangsbuchstabe zwischen N und Z liegt
- *Ergebnis ≤ 4:* Es wird mit den bereits bekannten Aktionen reagiert.

Hinweis: Die letzte Regel kann dazu führen, dass Spieler in den Besitz mehrerer Bälle kommen. Ist ein Spieler im Besitz von zwei Bällen, versucht er, beide gleichzeitig zu prellen. Ein dritter Ball wird an den Zuspieler zurückgeworfen.

11 Copy and Paste

Dauer: 10 Minuten

Aktivitätslevel: +

Material:
- Musik, 1 Pfeife
- Hallenmaterial: 1 Ball (je Spieler)

Geförderte Komponenten:
Kognitive Flexibilität: +

Spielanleitung

- Die Spieler bilden Paare, die zur Musik hintereinander herlaufen. Der vordere Spieler macht zum Takt der Musik Bewegungen (z. B. Sprünge, Armbewegungen, verschiedene Laufarten ...) vor, die vom hinteren Spieler so synchron wie möglich nachgeahmt werden.

Hinweis: Der Vordermann sollte die Bewegungen einige Male nicht zu schnell wiederholen, damit der Hintermann die Chance hat, die Bewegungen synchron mitzumachen.

- Zusätzlich müssen die Spieler auf bestimmte Signale des Spielleiters hin verschiedene Aufgaben erfüllen:
  - *Pfiff:* Die Bewegungen werden spiegelverkehrt durchgeführt.
  - *weiterer Pfiff:* Die Bewegung wird wieder normal nachgeahmt.
  - *Doppelpfiff:* Zwei Paare klatschen sich so schnell wie möglich ab.
  - *„Hepp“:* Die Spieler wechseln ihre Partner.
  - *„Hepp Hepp“:* Die Spieler finden sich so schnell wie möglich in Dreiergruppen zusammen.
  - *Musik aus:* Alle Spieler frieren ihre Bewegung ein und bleiben erstarrt stehen, bis die Musik wieder angestellt wird.
- Nach drei Minuten tauschen Vorder- und Hintermann ihre Positionen.

Erhöhung des Schwierigkeitsgrads

Die Spieler integrieren einen Ball in die Bewegungen. Auch jetzt werden die Bewegungen des Vordermanns so gut, wie es geht, nachgeahmt. Die beschriebenen Signale gelten weiterhin. Stoppt die Musik, stellen sich die Partner auf einem Bein einander gegenüber auf und werfen sich so lange den Ball zu, bis die Musik wieder einsetzt.

Zur Schulung ballsportspezifischer Fertigkeiten können die Bälle alternativ gepasst, gepritscht, geprellt usw. werden.

12 Farbenjagd

Dauer: 10 Minuten

Aktivitätslevel: + +

Material:
- 1 Pfeife
- Hallenmaterial: 1 Parteiband (je Spieler)

Geförderte Komponenten:
Inhibition: + + | Kognitive Flexibilität: + + + | Arbeitsgedächtnis: +

Spielanleitung

- Alle Spieler bekommen eines von drei farblich verschiedenen Parteibändern (Rot, Blau, Grün), wobei die drei Farben gleich oft vertreten sein sollen.
- Spieler mit verschiedenfarbigen Bändern bilden Paare, die sich in der Halle verteilen. Jedes Paar nimmt eine bestimmte Pose ein, u.a.: Standwaage, auf einem Bein stehen, Kerze, Unterarmliegestütz mit aufgestellten Knien ...
- Haben alle ihre Position eingenommen, wird ein Paar ausgewählt und es beginnt ein Fangspiel zwischen den beiden Spielern. Die Farbe des Bands entscheidet, wer Fänger und wer Gejagter ist:
  - *Rot* fängt *Blau.*
  - *Blau* fängt *Grün.*
  - *Grün* fängt *Rot.*
- Der Gejagte hat die Möglichkeit, sich zu retten, indem er sich neben ein Paar begibt und dessen Pose einnimmt. Der andere Außenspieler des neu entstandenen Dreier-Teams wird nun je nach den Bandfarben der beiden Spieler entweder Fänger oder Gejagter.

Hinweis: Treten zwei Spieler mit der gleichen Farbe gegeneinander an, wird derjenige, der neu hinzukommt, zum Fänger.

- Gelingt es dem Fänger, den Gejagten anzuticken, werden die Fangregeln ab sofort ins Gegenteilige verkehrt:
  - *Blau* fängt *Rot.*
  - *Grün* fängt *Blau.*
  - *Rot* fängt *Grün.*

Erhöhung des Schwierigkeitsgrads

Wenn der Spielleiter pfeift, müssen alle Spieler ihr Parteiband ablegen, zu einer Hallenwand laufen, diese berühren und danach ein anderes Parteiband anziehen. Danach geht das Fangspiel mit neuer Rollenverteilung genauso weiter wie vor dem Signal.

13 Eckstein

Dauer: 10 Minuten

Aktivitätslevel: + +

Material:
- Download-Material: 1 Eckstein-Spielkarte (je Spieler)

Geförderte Komponenten:
Kognitive Flexibilität: + + +

Spielanleitung

- Jeder Spieler erhält vom Spielleiter eine Materialkarte, auf der eine geometrische Form (Kreis, Viereck, Raute, Dreieck) in einer von vier Farben (Rot, Gelb, Lila, Blau) abgebildet ist. Der Spielleiter sollte darauf achten, dass alle geometrischen Formen und Farben ungefähr gleich oft vertreten sind.
- Alle Spieler laufen mit ihrer Karte durch die Halle. Immer wenn sich zwei Spieler begegnen, tauschen sie ihre Karten. Die Spieler müssen sich je nach dem Symbol auf ihrer aktuellen Karte auf eine bestimmte Art fortbewegen:
  - *Kreis:* Die Spieler laufen vorwärts und drehen sich in regelmäßigen Abständen um die eigene Achse.
  - *Viereck:* Die Spieler laufen vorwärts und machen in regelmäßigen Abständen Strecksprünge.
  - *Raute:* Die Spieler laufen seitwärts im Scherenschritt.
  - *Dreieck:* Die Spieler laufen vorwärts und machen abwechselnd mit beiden Armen Boxbewegungen.
- Wenn der Spielleiter pfeift, müssen sich alle Spieler mit demselben Kartensymbol so schnell wie möglich in einer Ecke der Halle sammeln. In jeder Ecke darf sich nur eine Gruppe treffen. Die Gruppe, deren Mitglieder als erste vollständig in einer Ecke versammelt sind, hat gewonnen.

Hinweis: Die Spieler dürfen während des gesamten Spielverlaufs nicht miteinander reden. Allein an der Fortbewegungsart müssen die Spieler erkennen, wer im selben „Team" ist. Die bei der Suche nach einer gemeinsamen Gruppensammlungsecke entstehende Verwirrung ist gewollt!

- Wenn eine Gruppe denkt, dass sich alle Mitglieder in der Ecke eingefunden haben, rufen die Spieler laut: „Fertig!" Wenn tatsächlich niemand mehr aus dem Team fehlt, darf sich das Gewinnerteam für die anderen Gruppen eine „Strafübung" ausdenken, z.B. zehn Hampelmänner, fünf Hocksprünge … Ist das vermeintliche Gewinnerteam voreilig und doch nicht vollständig gewesen, erhalten die Mitglieder dieser Gruppe von den übrigen Spielern eine Strafaufgabe.

Erhöhung des Schwierigkeitsgrads

Klatscht der Spielleiter während des Pfiffs in die Hände, stoppen die Spieler ihre Fortbewegungsart und reagieren je nach Farbe des Symbols auf ihrer Materialkarte auf folgende Weise:

- *Blau:* Der Spieler macht Schwimmbewegungen.
- *Gelb:* Der Spieler greift nach der Sonne.
- *Rot:* Der Spieler umarmt sich selbst.
- *Lila:* Der Spieler pflückt Blumen.

Bei dieser Spielvariante kann auch hin und wieder vom Ursprungssignal (nur Pfiff) Gebrauch gemacht werden. Dann muss wie in der Ursprungsversion auf die geometrische Form reagiert werden.

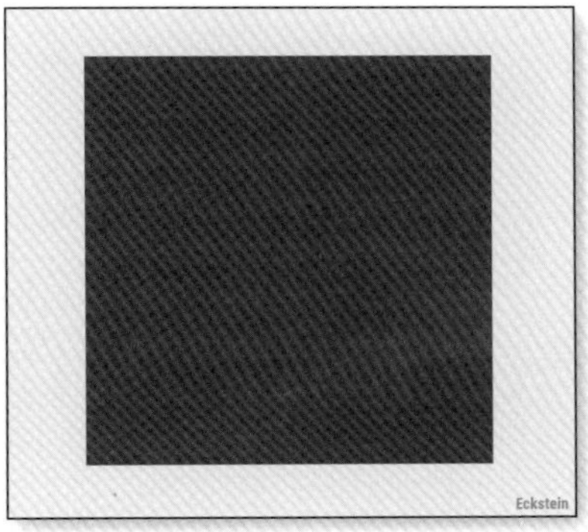

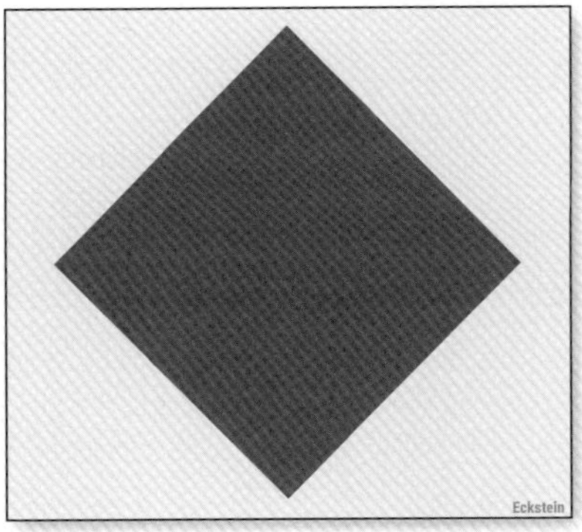

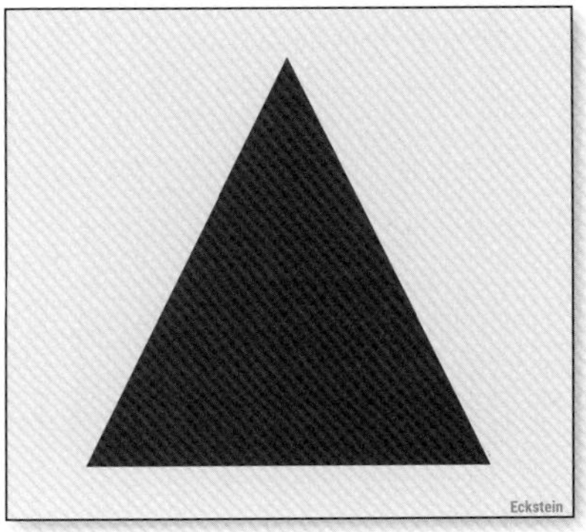

14 Feuer, Wasser, Sturm extreme

Dauer: 10 Minuten

Aktivitätslevel: + +

Material:

- Musik
- Hallenmaterial: 4 Weichbodenmatten

Geförderte Komponenten:

Inhibition: + + | Kognitive Flexibilität: +

Spielanleitung

- Alle Spieler laufen durch die Halle, in der vier Weichbodenmatten ausgelegt sind. Die Fortbewegungsart wird dabei vom Spielleiter variiert: Hopserlauf, Seitgalopp, Anfersen ...
- Zwischendurch ruft der Spielleiter eines von drei Kommandos, auf das die Spieler wie folgt reagieren müssen:
  - *„Vorsicht: Feuer!“:* Die Spieler laufen in eine von zwei zuvor bestimmten Ecken in der Halle.
  - *„Vorsicht: Wasser!“:* Die Spieler retten sich auf eine der Inseln (Matten).
  - *„Vorsicht: Sturm!“:* Die Spieler legen sich flach auf den Boden, damit sie nicht weggeweht werden.
- Die Spieler dürfen nur dann auf ein Kommando reagieren, wenn der Spielleiter zuerst das Wort „Vorsicht“ genannt hat. Der Spielleiter selbst darf versuchen, die Spieler zu verwirren, indem er beispielsweise nur *„Feuer“* oder *„Achtung: Wasser!“* ruft.
- Nach einer Weile werden neue Regeln ergänzt: Der Spielleiter stellt die Musik immer mal wieder ein und aus. Immer wenn Musik läuft, gelten für die Kommandos die folgenden neuen Reaktionsregeln:
  - *„Vorsicht: Feuer!“:* Die Spieler versuchen, das Feuer durch Stampfen auf den Boden zu löschen.
  - *„Vorsicht: Wasser!“:* Die Spieler machen Brustschwimmbewegungen.
  - *„Vorsicht: Sturm!“:* Die Spieler formen mit ihren Händen einen Trichter vor dem Mund und pusten hindurch.
- Wenn keine Musik läuft, gelten die alten Regeln.

Hinweis: Das Spiel kann auch als Wettkampf gestaltet werden: Jeder Spieler hat drei „Leben“. Wer bei einem Kommando als Letzter oder falsch reagiert, verliert ein „Leben“. Wer am Ende noch am meisten „Leben“ hat, gewinnt.

15 Zombieballa-balla

Dauer: 15 Minuten

Aktivitätslevel: + + +

Material:

- Hallenmaterial: 1 weißer Softball, 1 roter Softball, 1 Volleyball, weitere Bälle

Geförderte Komponenten:

Inhibition: + + | Kognitive Flexibilität: + + +

Spielanleitung

- Alle Spieler laufen im Spielfeld umher. Zunächst ist nur ein weißer Softball im Spiel. Die Spieler sollen den Ball fangen und damit möglichst viele andere Spieler abwerfen. Es zählen nur direkte Treffer, keine Bodenpässe. Wird der Ball gefangen, gilt dies nicht als Treffer.
- Ein getroffener Spieler muss sich so lange auf die Bank setzen, bis die Person, die ihn abgeworfen hat, selber getroffen wurde.
- Nach einigen Treffern wird ein roter Softball hinzugenommen. Dieser Ball darf nicht direkt gefangen werden, denn dies zählt als Treffer.
- Kurz darauf kommt noch ein Volleyball ins Spiel. Auch mit diesem Ball können andere Spieler abgeworfen werden, allerdings zählen hier keine direkten Treffer, sondern nur Treffer, bei denen der Ball vorher einmal den Boden oder die Wand berührt hat. Der Volleyball darf weder direkt noch indirekt nach einmaligen Boden- bzw. Wandkontakt gefangen werden, denn dies zählt als Treffer. Soll der Ball direkt oder indirekt angenommen werden, muss der Spieler ihn per Baggerannahme hochspielen und dann fangen. Hatte der Ball allerdings mindestes zwei Boden- oder Wandkontakte, kann er ohne Gefahr aufgenommen werden.

Erhöhung des Schwierigkeitsgrads

Es werden weitere Soft- und Volleybälle in das Spiel integriert.

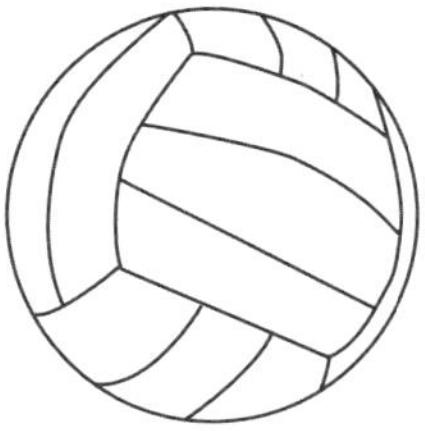

16 Kombi-Jump

Dauer: 15 Minuten

Aktivitätslevel: +

Material:

- evtl. Wäscheklammern
- Hallenmaterial: 3 Mini-Trampoline, 3 Weichbodenmatten
- Download-Material: 2 Standard-Farbkarten (blau, rot)

Geförderte Komponenten:
Kognitive Flexibilität: + + | Arbeitsgedächtnis: + + +

Spielanleitung

- Drei Mini-Trampoline sind hintereinander aufgebaut. Als Landebereich liegt hinter jedem Trampolin eine Weichbodenmatte.
- Unter Aufsicht überlegen sich die Spieler sechs verschiedene Sprünge, die sie vom Trampolin aus auf eine Weichbodenmatte durchführen können, zum Beispiel Hocksprung, Grätschsprung ... Hat sich die Gruppe auf eine Auswahl geeinigt, werden die Sprünge von 1 bis 6 durchnummeriert.
- Die Spieler stellen sich nun hintereinander auf und absolvieren nacheinander einen Sprungparcours. Indem der Spielleiter jedem Spieler eine dreiziffrige Zahl nennt, gibt er vor, mit welchen Sprüngen der Parcours zu bewältigen ist. *Beispiel:* „Sechshundertdreizehn“. Der Spieler führt die Sprünge 6 –1 –3 aus.
- Die anderen Spieler der Gruppe beobachten den Springer und kontrollieren, ob die Sprünge in der vorgegebenen Reihenfolge richtig umgesetzt werden.

Hinweis: Das Spiel kann auch als Wettkampf gestaltet werden. Jeder Spieler erhält zu Beginn drei Wäscheklammern. Macht ein Spieler beim Sprungparcour einen Fehler, gibt er demjenigen, der als Letzter seine Sprünge richtig absolviert hat, eine seiner Wäscheklammern. Der Spieler, der am Ende der Zeit die meisten Wäscheklammern besitzt, gewinnt.

Erhöhung des Schwierigkeitsgrads

1. Es werden zusätzliche Sprünge ausgewählt und mit Zahlen belegt.
2. Wenn der Spielleiter die Zahlenfolge nennt, hält er eine von zwei Farbkarten hoch (Blau oder Rot), die folgende Bedeutung haben:
   - *Blau:* Die Sprünge werden gemäß der Zahlenkombination in der normalen Reihenfolge nachgesprungen.
   - *Rot:* Die durch die Zahlenkombination codierten Sprünge werden in umgekehrter Reihenfolge nachgesprungen.

17 Hand-Fuß-Ball

Dauer: 15 Minuten

Aktivitätslevel: + + +

Material:

- Musik, ggf. Material zum Markieren des Spielfelds
- Hallenmaterial : 1 Ball; 2 Tore, 1 Leibchen (je Spieler)

Geförderte Komponenten:

Kognitive Flexibilität: + +

Arbeitsgedächtnis: +

Spielanleitung

- Für dieses Spiel eignen sich gradzahlige Gruppen von rund zwölf Personen. Bei größeren Spielerzahlen bietet es sich an, die Gruppe zu teilen.
- Es werden zwei Mannschaften zu je sechs Spielern gebildet, die auf einem (kleinen) Fußballfeld gegeneinander antreten.
- An den beiden kurzen Seites des Spielfelds werden zwei Tore aufgebaut. Es gibt keinen Torwart. *Mannschaft 1* spielt zunächst auf das linke, *Mannschaft 2* auf das rechte Tor.
- Das Spielfeld wird in zwei Hälften geteilt. In der linken Spielfeldhälfte darf der Ball nur mit dem Fuß, in der rechten Hälfte nur mit der Hand gespielt werden. Es gelten die üblichen Fuß- bzw. Handballregeln.
- Zwischendurch stellt der Spielleiter für jeweils etwa zwei Minuten Musik an – immer, wenn Musik ertönt, spielen die Mannschaften auf das jeweils andere Tor (*Mannschaft 1* spielt auf das rechte, *Mannschaft 2* auf das linke Tor). Verstummt die Musik, wird wieder auf das ursprünglich zugeteilte Tor gespielt.

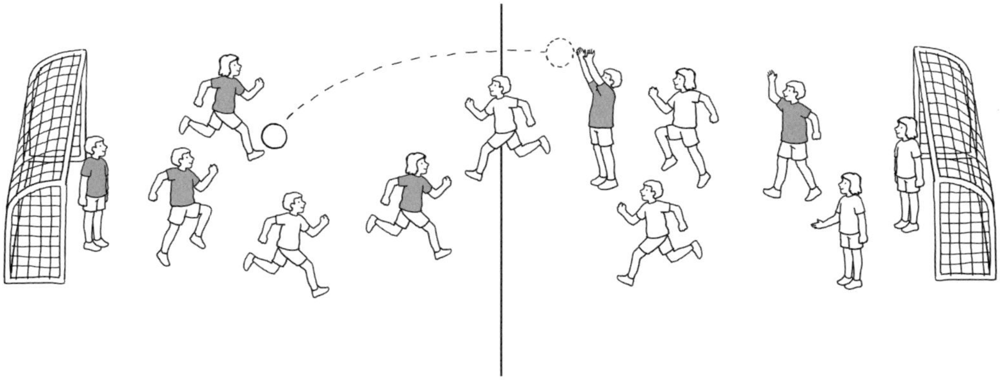

18 Catch or not

Dauer: 15 Minuten

Aktivitätslevel: + + +

Material:

- 2 Luftballons
- Hallenmaterial: 2 Softbälle; 2 Volleybälle, 1 Netz/Schnur

Geförderte Komponenten:

Inhibition: + + | Kognitive Flexibilität: + + +

Spielanleitung

- Dieses Spiel eignet sich für gradzahlige Gruppen von etwa zwölf Personen. Bei größeren Spielerzahlen bietet es sich an, die Gruppe zu teilen.
- Es werden zwei Mannschaften mit je sechs Spielern gebildet, die gegeneinander antreten.
- Gespielt wird auf einem Volleyballfeld, das mit einem Netz oder einer Schnur in zwei Hälften geteilt wird. Die Netzhöhe sollte an die Größe der Spieler angepasst werden.

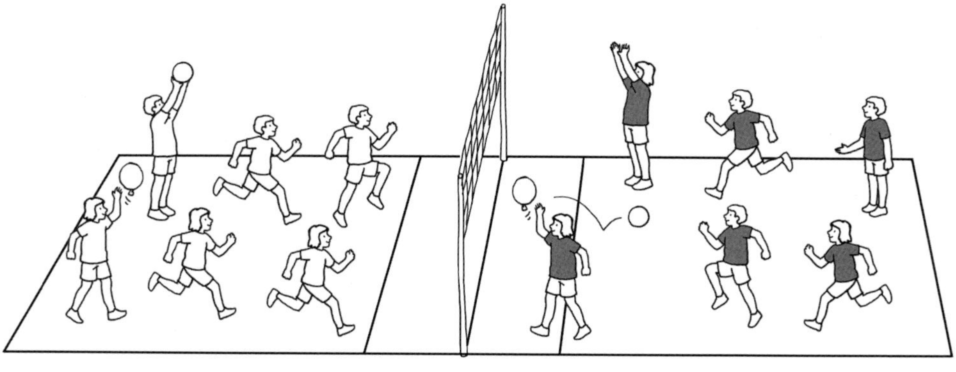

- Zum Einspielen wird mit einem Softball gespielt. Ziel jeder Mannschaft ist es, den Ball so über das Netz in das andere Feld zu werfen, dass er für die gegnerische Mannschaft schwer zu fangen ist und möglichst auf dem Boden aufkommt. Jeder Bodenkontakt des Balls gilt als Punkt für die werfende Mannschaft.
- Nach Fangen oder Aufnahme des Balles wechselt das werfende Team und es wird in die andere Spielfeldhälfte gespielt.
- Innerhalb einer Mannschaft darf der Ball maximal zweimal gepasst werden.
- Mit dem Ball darf nicht gelaufen oder gesprungen werden und es ist nicht erlaubt, über das Netz zu greifen.
- Wird ein Ball über die Feldbegrenzung geworfen, gilt dies als Fehler und bedeutet einen Punktgewinn für die gegnerische Mannschaft.
- Hat sich nach einigen Ballwechseln ein Spielfluss entwickelt, kommt ein Volleyball ins Spiel. Bei diesem Ball gelten andere Regeln: Er darf nicht direkt gefangen werden, sondern muss vorher einmal auf dem Boden aufkommen. Dies gilt sowohl dann, wenn der Ball von der gegnerischen Mannschaft über das Netz gespielt wurde als auch bei mannschaftsinternen Pässen.
- Sieger ist die Mannschaft, die nach einer festgelegten Zeit (z. B. 10 Minuten) die meisten Punkte erspielt hat.

Erhöhung des Schwierigkeitsgrads

1. Es wird jeweils ein weiterer Soft- und ein Volleyball in das Spiel genommen.
2. Als Zusatzaufgabe ist in jeder Mannschaft ein Luftballon durch stetes Antippen in der Luft zu halten.
   - Eine Person darf den Luftballon maximal 5x in Folge antippen, danach muss ein anderer Mitspieler ihn ablösen.
   - Der Ballon darf die Spielfeldhälfte einer Mannschaft nicht verlassen.
   - Berührt der Ballon den Boden, bekommt die gegnerische Mannschaft einen Punkt.

19 Schockey

Dauer: 25 Minuten

Aktivitätslevel: + +

Material:
- Hallenmaterial: 2 Tennisbälle; 4 Kastendeckel als Tore
- Download-Material: 4 Standard-Farbkarten (2x blau, 2x rot), 4 Schockey-Zahlkarten

Geförderte Komponenten:
Kognitive Flexibilität: + | Arbeitsgedächtnis: + +

Spielanleitung

- Dieses Spiel eignet sich für Gruppen von 12–15 Personen. Bei mehr Spielern bietet es sich an, die Gruppe zu teilen.
- Jeweils vier bis fünf Spieler bilden eine Mannschaft. An einem Spiel sind drei Mannschaften beteiligt: Zwei Mannschaften treten im Feld gegeneinander an. Die dritte Mannschaft besetzt vier Zuspielstationen außerhalb des Feldes.
- Das Spielfeld hat die Größe eines Volleyballfelds. An den langen Seiten werden vier Kleintore aus umgedrehten Kastendeckel in gleichmäßigem Abstand aufgestellt. Karten kennzeichnen die Tore mit einer Farbe (Blau oder Rot) und einer Zahl (1 oder 2). Damit werden die vier Tore wie folgt markiert: *„1-Blau“, „1-Rot“, „2-Blau“, „2-Rot“.*

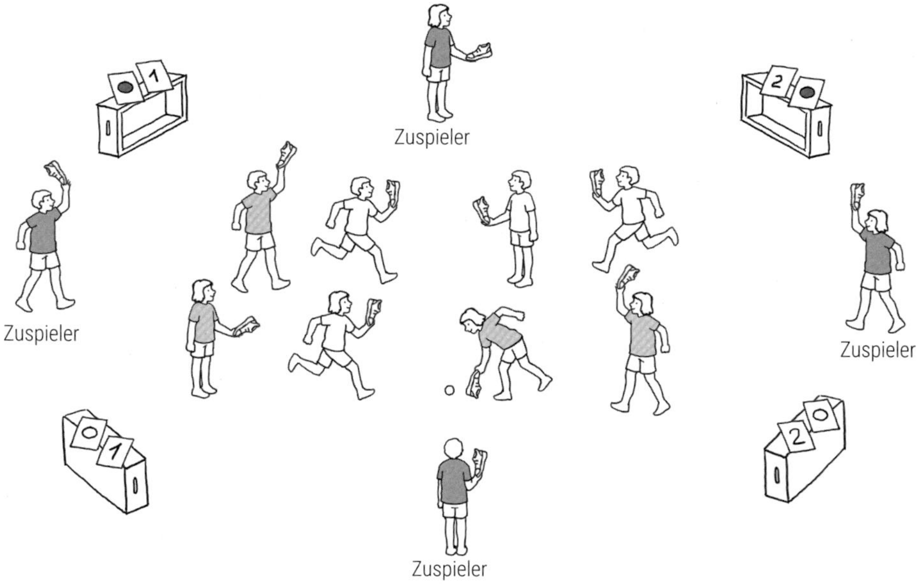

- Grundsätzlich gelten die üblichen Hockeyregeln, doch es gibt einige Besonderheiten: Alle Spieler ziehen sich beide Schuhe (und die Socken) aus. Ein Schuh dient als „Hockeyschläger", indem der Spieler seine Hand in die Schuhöffnung steckt und die Sohle als Schlagfläche benutzt. Gespielt wird mit einem Tennisball.
- Ziel der beiden Feldmannschaften ist es, möglichst viele Tore zu erzielen. Bevor auf ein Tor gespielt wird, müssen die Anspielstationen außerhalb des Spielfelds angespielt werden. Die erste Anspielstation schlägt den Ball zurück und ruft laut eine Zahl (*„1"* oder *„2"*) oder eine Farbe (*„Blau"* oder *„Rot"*). Die zweite Anspielstation ergänzt dann gut hörbar für alle die fehlende Information. Farbe und Zahl zusammen ergeben das Tor, auf das gespielt wird.
- Geht der Ball ins Aus oder wird ein Tor erzielt, werden die bis dahin gültigen Angaben der Anspieler „gelöscht"; bei Ballverlust bleiben sie bestehen.
- Die Mannschaft, die nach fünf Minuten mehr Tore erzielt hat, gewinnt und spielt gegen die Mannschaft, deren Spieler zuvor als Anspieler aktiv waren. Nach weiteren fünf Minuten spielen die beiden Mannschaften gegeneinander, die noch nicht gegeneinander gespielt haben.

Hinweis: Das Spiel kann auch als Fußball- oder Handballspiel gestaltet werden.

Erhöhung des Schwierigkeitsgrads

1. Die Tor-Kartenmarkierungen werden entfernt. Ab jetzt müssen die Spieler sich selber merken, welches Tor welche Farbe und Zahl hat.
2. Farben und Zahlen der Tore werden immer nach zwei erzielten Toren durch Ansage des Spielleiters vertauscht.
3. Alle Spieler müssen den Schuh an ihrer schwächeren Hand tragen.
4. Es wird mit zwei Tennisbällen gleichzeitig gespielt. Die Ansagen *(„1", „2", „Blau", „Rot")* der Anspieler gelten dabei für beide Bälle gleichzeitig. Wenn also der eine Ball mit der Ansage *„Rot"* und der andere Ball daraufhin mit der Ansage *„1"* zurückgespielt wird, gilt für beide Bälle das Tor *1-Rot* als Zieltor.

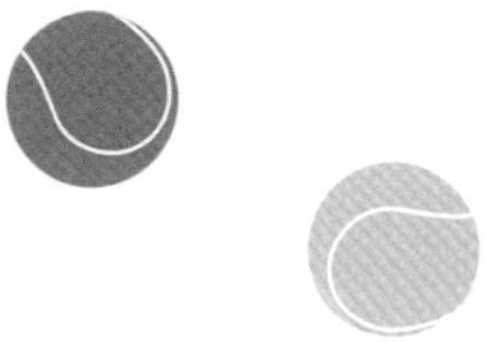

20 Öcher-Ball

Dauer: 15 Minuten

Aktivitätslevel: + +

Material:

- Hallenmaterial: 1 Handball

Geförderte Komponenten:

Kognitive Flexibilität: + | Arbeitsgedächtnis: + +

Spielanleitung

- Dieses Spiel eignet sich für Gruppen von etwa zehn Personen. Bei wesentlich mehr Spielern sollte man die Gruppe teilen.
- Es werden Mannschaften zu etwa fünf Spieler gebildet. Jeweils zwei Mannschaften spielen in einem Hallendrittel gegeneinander.
- Jedem Spieler wird eine Zahl zwischen 1 und 5 zugewiesen. Die Zuteilung erfolgt mannschaftsintern, kann aber von dem Spielleiter schriftlich festgehalten werden.
- Die Mannschaften spielen nun eine Variante des Parteiballs: Die Mannschaftsmitglieder müssen sich den Ball so zupassen, dass der Gegner ihn möglichst nicht abfangen kann. Ein Spieler darf den Ball nicht länger als maximal drei Sekunden festhalten und nicht mehr als drei Schritte mit dem Ball laufen. Direkte Rückpässe sind nicht erlaubt.

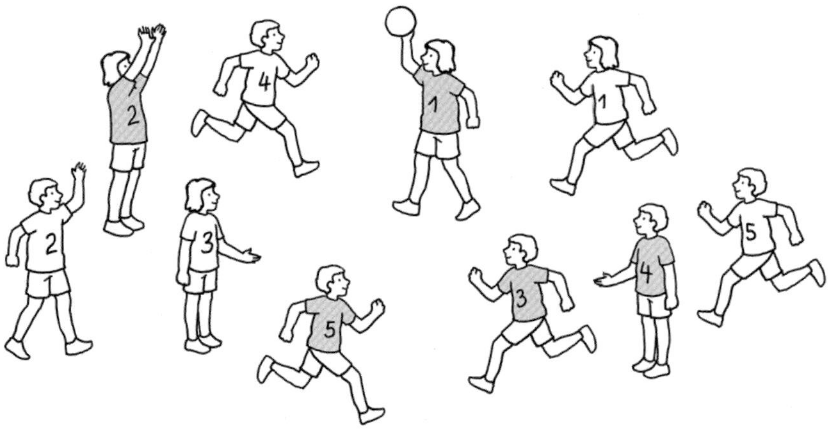

- Der Spielleiter ruft den Spielern zu Beginn einen Zielwert zu (z. B. 30), der erreicht oder überschritten werden soll. Voraussetzung ist ein geschicktes Zuspiel: Bei jedem geglückten mannschaftsinternen Pass wird die Zahl, die dem Fänger des Balls zugeteilt wurde, der Mannschaft als Punkte gutgeschrieben und zu den bereits erreichten Punkten addiert. Ziel des Spiels ist es, den vom Spielleiter genannten Zielwert oder eine höhere Zahl zu erreichen.
- Wird der Ball von der gegnerischen Mannschaft abgefangen, verfallen die bis dahin erreichten Punkte und diese Mannschaft versucht nun, den Zielwert zu erreichen.
- Hat eine Mannschaft den Zielwert erreicht, erhält sie einen Punkt und der Spielleiter nennt einen neuen Zielwert. Gewonnen hat die Mannschaft, die nach Ablauf der zuvor festgelegten Spielzeit die meisten Punkte hat.

Erhöhung des Schwierigkeitsgrads

1. Die Mannschaften müssen den Zielwert (z. B. 30) exakt treffen, d. h. eine höhere Summe (z. B. 31) bringt der Mannschaft noch keinen Punkt. Wenn sich durch den Pass zu einem Mannschaftsmitglied mit hoher Zahl der Zielwert überschritten wird, muss die Spielernummer subtrahiert werden.
2. Der Spielleiter wählt eine hohe Zahl (z. B. 120) als Zielwert aus. Die mit jedem Pass verbundenen Zahlen werden nun im Wechsel addiert und multipliziert. Wird der Zielwert überschritten, wird so lange subtrahiert, bis die Mannschaft wieder einen darunter liegenden Wert erreicht hat. Danach wird wieder addiert und multipliziert, bis die Mannschaft den exakten Zielwert getroffen hat.

21 Trampoball

Dauer: 25 Minuten

Aktivitätslevel: + +

Material:

- 1 Pfeife
- Hallenmaterial: 4 Mini-Trampoline, 12 kleine Matten, 4 große Kästen, 2 Handbälle, 1 Tennis-, Volley- oder Rugbyball
- Download-Material: 4 Standard-Farbkarten (blau, gelb, rot, lila)

Geförderte Komponenten:
Kognitive Flexibilität: + +

Spielanleitung

- Dieses Spiel eignet sich für Gruppen von etwa 14 Personen. Bei großen Spielerzahlen bietet es sich an, die Gruppe zu teilen.
- Es werden Mannschaften mit jeweils siebe Spieler gebildet. Je zwei Mannschaften treten gegeneinander an.
- Gespielt wird auf einer Fläche von mindestens 25 x 20 m. An allen vier Seiten des Spielfelds wird eine Trefferfläche aufgebaut. Dafür wird je ein Mini-Trampolin schräg an die lange Seite eines großen Kastens gestellt. Um das Trampolin herum werden drei kleine Matten gelegt. Dieser Bereich bildet die „verbotene Zone", die von den Spielern nicht betreten werden darf. Auch Bälle dürfen darauf nicht landen.

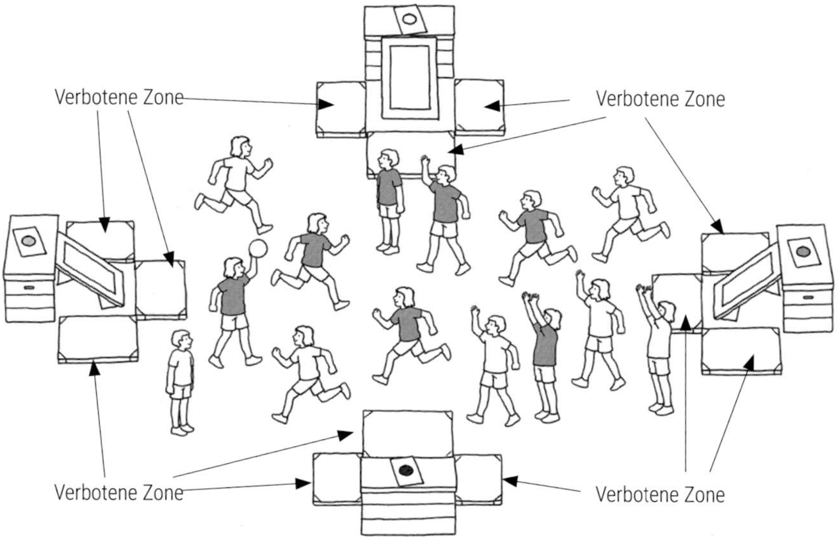

- Gespielt wird mit einem Handball. Ziel ist es, diesen so gegen ein beliebiges Mini-Trampolin zu werfen, dass er nach dem Kontakt mit dem Trampolin innerhalb des Spielfeldes landet (jedoch nicht in der verbotenen Zone). Gelingt dies dem Werfer, ohne dass die gegnerische Mannschaft den Ball abfängt, erhält seine Mannschaft zwei Punkte.
- Sobald der Ball auf dem Hallenboden aufgekommen ist, besteht das Ziel beider Mannschaften darin, ihn zu fangen. Die Mannschaft, der dies gelingt, erhält einen (weiteren) Punkt.
- Mit dem Ball dürfen maximal drei Schritte gelaufen werden. Er darf nicht gedribbelt werden und frühestens nach drei Pässen auf das Trampolin geworfen werden.
- Nach einer kurzen Einspielphase wird den Mini-Trampolinen jeweils eine Farbe (Blau, Gelb, Rot oder Lila) zugeordnet. Der Spielleiter verfügt über die gleichen Farbkarten und hält auf ein akustisches Signal („Hepp") kurz für alle sichtbar eine, zwei, drei oder alle vier Karten hoch. Je nachdem, wie viele Farbkarten hochgehalten werden, gelten unterschiedliche Regeln:
  - *1 Farbkarte*: das Trampolin mit dieser Farbe darf nicht mehr angespielt werden.
  - *2 Farbkarten:* nur Trampoline mit diesen Farben dürfen angespielt werden.
  - *3 Farbkarten:* nur das andersfarbige Trampolin darf angespielt werden.
  - *4 Farbkarten:* die gesamte Mannschaft muss sich an einem beliebigen Trampolin sammeln. Die Mannschaft, die es zuerst schafft, erhält einen Punkt.

Erhöhung des Schwierigkeitsgrads

1. Es wird ein zweiter Spielball ins Spiel gebracht.
2. Als zweiter Ball wird ein Tennis-, Volley- oder Rugbyball verwendet.

22 Flexi-Fangen

Dauer: 10 Minuten

Aktivitätslevel: + + +

Material:

- 1 Pfeife, 1 Stoppuhr, Musik
- Hallenmaterial: 1 Parteiband (je Spieler)
- Download-Material: 4 Flexi-Fangen-Spielkarten

Geförderte Komponenten:
Kognitive Flexibilität: + +

Spielanleitung

- Es werden vier gleichgroße Mannschaften gebildet. Jeder Mannschaft wird mit Parteibändern eine Farbe *(Rot, Grün, Gelb, Blau)* zugeordnet. Die Mannschaften müssen sich nach einem Signal des Spielleiters gegenseitig ticken.
- Der Spielleiter positioniert sich an einer Stelle, an der er gut von allen Spielern gesehen werden kann. Er hält im Wechsel verschiedene Farbkarten hoch, die anzeigen, welche Mannschaft die Spieler welcher anderen Mannschaft fangen muss. Wechselt der Spielleiter nach 1–2 Minuten die hochgehaltenen Karten, macht er mit einem Pfiff darauf aufmerksam.
- Wer gefangen wird, „friert ein“: Er muss sich breitbeinig hinstellen und kann von einem Mannschaftsmitglied befreit werden, das zwischen den Beinen des „Eingefrorenen“ hindurch kriecht. Durch einen Wechsel der Fangregeln (Farben) werden eingefrorene Spieler nicht automatisch befreit.
- Wurde eine Mannschaft komplett gefangen, erhält sie pro Mitglied einen Strafpunkt, darf dann aber weiterspielen: Alle „Eingefrorenen“ sind wieder frei.
- Ein Spiel dauert je nach Fitness der Spieler 7 – 10 Minuten. Ist die Zeit abgelaufen, werden die noch „eingefrorenen“ Spieler einer Mannschaft als Strafpunkte gewertet. Die Mannschaft mit den wenigsten Strafpunkten gewinnt das Spiel.

Erhöhung des Schwierigkeitsgrads

Die Befreiungsmethode wird variiert: Je nachdem, ob Musik spielt oder nicht, muss der Befreier von vorn (ohne Musik) oder von hinten (bei Musik) durch die Beine des „Eingefrorenen“ kriechen. Kommt der Befreier von der falschen Seite durch die Beine, friert auch er ein.

23 Twelve

Dauer: 15 Minuten

Aktivitätslevel: + +

Material:

- Hallenmaterial: 1 Fußball,1 Parteiband (je Spieler)

Geförderte Komponenten:
Kognitive Flexibilität: + + +

Spielanleitung

- Für dieses Spiel eignet sich eine Gruppenstärke von 16 Personen. Bei mehr Spielern bietet es sich an, die Gruppe zu teilen.
- Es werden vier Mannschaften zu je vier Spielern gebildet. Jeder Mannschaft wird mit Parteibändern eine Farbe (Rot, Grün, Gelb, Blau) zugeordnet. Die vier Mannschaften spielen auf einem Feld von ca. 15 x 15 m.
- Jeweils zwei Mannschaften (z. B. Blau und Rot) treten zusammen gegen die zwei anderen Mannschaften (z. B. Gelb und Grün) an. Gespielt wird mit einem Fußball, der innerhalb der Doppel-Teams möglichst häufig hin- und hergepasst werden muss.
- Wird der Ball vom gegnerischen Doppel-Team abgefangen, werden die Teams neu gepaart: Die Mannschaft, die den Ball erobert, spielt von da an mit dem ehemaligen Partnerteam des Ballverlierers. Entsprechend spielt die Mannschaft, die den Ball verloren hat, zusammen mit dem ehemaligen Partnerteam des Eroberers.
  Beispiel: Rot + Blau spielen zusammen gegen Gelb + Grün. Nach einigen Pässen zwischen Rot und Blau gelingt es Gelb, den Ball von Rot abzufangen. Danach bilden Gelb + Blau sowie Grün + Rot die neuen Doppel-Teams.
- Das Ziel für jede der vier Mannschaften ist es, zwölf Pässe zu spielen. Nach einem Ballverlust wird fortlaufend mannschaftsintern weitergezählt.
  Beispiel: Wenn die Mannschaften Rot + Blau zusammen vier Pässe geschafft haben und nach dem Wechsel Gelb + Blau zwei Pässe spielen, hat Blau bis dahin sechs Pässe, Rot vier Pässe, Gelb zwei Pässe und Grün noch keinen Pass gesammelt.
- Da jede Mannschaft die Punkte eigenständig zählt, entsteht eine (gewollte) Verwirrung, der sich die Mannschaften stellen müssen, um das Spiel zu gewinnen.
- Hat eine Mannschaft zwölf Pässe geschafft, bekommt sie einen Punkt. Davon unabhängig bleiben die bis dahin gezählten Pässe der anderen Mannschaften bestehen. Die Mannschaft, die am Ende die meisten Punkte hat, gewinnt.

24 FORMidablo

Dauer: 15 Minuten

Aktivitätslevel: +

Material:
- FORMidablo-Geschichte (auch als Download)
- Download-Material: 4 FORMidablo-Spielkarten

Geförderte Komponenten:
Inhibition: + + | Kognitive Flexibilität: + | Arbeitsgedächtnis: +

Spielanleitung

- Die Spieler werden in zwei gleich große Mannschaften aufgeteilt.
- Die Mannschaften stellen sich dem Spielleiter gegenüber an der Längsseite der Sporthalle auf (Abstand ca. 20 m), sodass der Spielleiter alle Spieler gut überblicken kann. Jeder Mannschaft werden zwei Farben (Grün + Rot, Gelb + Blau) zugeordnet, die in diesem Spiel gleichzeitig als Signalwörter fungieren.
- Der Spielleiter liest eine Geschichte (S. 63f) vor, in der die Signalwörter vorkommen. Gleichzeitig hält er immer eines von vier Symbolen gut sichtbar in die Luft (Dreieck, Viereck, Herz, Kreis).
- Hört eine Mannschaft in der Geschichte ihr Signalwort, muss sie je nach hochgehaltenem Symbol mit einer bestimmten Bewegung reagieren:
  - *Dreieck:* Standwaage
  - *Viereck:* Kniebeuge
  - *Herz:* Hocksprung
  - *Kreis:* Drehung
- Die Spieler einer Mannschaft, die korrekt auf ihre Signalworte reagieren, dürfen einen Standweitsprung in Richtung des Spielleiters machen.
- Die Mannschaft des Spielers, der als erstes bei dem Spieleiter ankommt bzw. am Ende der Geschichte am nächsten dran ist, hat gewonnen.
- Spieler, die zu einer falschen Bewegung ansetzen oder diese nicht sofort nach dem Signalwort ausführen, dürfen nicht vorrücken. Wer bei einem falschen Signalwort reagiert, muss einen Sprung zurück machen.

Erhöhung des Schwierigkeitsgrads

1. Die Spieler dürfen nicht auf das aktuell hochgehaltene Symbol, sondern müssen auf das zuvor hochgehaltene Symbol reagieren.
2. Hat ein Spieler vor Ende der Geschichte den Spielleiter erreicht, muss er sich unter erschwerten Bedingungen auf den Rückweg machen. Die Bedeutung der Symbole ist dabei vertauscht:
   - *Dreieck:* Kniebeuge
   - *Viereck:* Standwaage
   - *Herz:* Drehung
   - *Kreis:* Hocksprung

Es gewinnt die Mannschaft des Spielers, der den längsten Weg zurückgelegt hat.

FORMidablo-Geschichte

M

Der Umzug

Hendrik war glücklich, dass seine Eltern mit ihm in die neue Wohnung gezogen waren. Sein Zimmer war viel größer als in der alten Wohnung und durch die Fenster blickte man auf einen dichten Wald. Die **blauen** Fenstervorhänge waren schon angebracht und die Wände hatte Hendrik in seiner Lieblingsfarbe gestrichen. Seine Freunde waren **grün** vor Neid. Am Anfang war Hendrik noch skeptisch gewesen, ob er sich in der neuen Wohnung würde wohlfühlen können, aber wie er jetzt so in seinem sonnen**gelb** gestrichenen Zimmer saß, waren alle seine Zweifel verflogen.

Über Hendriks Schreibtisch hing ein Bild von seinem Lieblingstier, dem majestätischen **Blau**wal, der durch die Tiefen des Meeres schwebte. Hendrik wollte später unbedingt einmal Meeresbiologe werden und diese Giganten der Meere live und in Farbe sehen. Bisher beschränkte sich seine Erfahrung mit Meerestieren auf den **Rot**barsch, den er letztes Jahr mit seinem Vater geangelt hatte.

Mitten in seine Überlegungen über seine Zukunft als Meeresbiologe platzte die Stimme seiner Mutter: „Hendrik, es gibt Essen, komm jetzt ins Wohnzimmer!“ Das war auch neu für Hendrik, in der alten Wohnung hatten sie nur eine Essküche gehabt. In der Essecke des großen Wohnzimmers hatte Hendriks Mutter sein Leibgericht bereits aufgetischt: Schnitzel mit **roter** Beete. „Klasse!“, freute sich Hendrik. Dieses Gericht gab es nur an ganz besonderen Tagen, seine Eltern mussten sich genauso über ihren Umzug in die **grüne** Gasse freuen wie er.

Nach dem Essen hatte Hendrik noch ein paar Hausaufgaben zu erledigen. Seine Chemielehrerin hatte der Klasse aufgegeben, alle Stoffe aus dem Buch herauszuschreiben, die bei der Verbrennung eine **gelbe** Flamme erzeugten. „Hmm“, machte Hendrik. Holz, Gas, Öl und Kohle – das hatte er alles schon brennen sehen. Was er aber noch nicht gewusst hatte, war, dass eine **blaue** Flamme immer dann entsteht, wenn mehr Sauerstoff zugeführt wird.„Interessant.“, dachte er sich, beschloss aber, dass das genug Chemie für heute gewesen sein musste. Schließlich hatte er bei seinen Eltern noch einen kleinen „Wir-Sind-grade-umgezogen“-Bonus und war sich sicher, dass sie nicht gleich **rot**sehen würden, wenn er etwas eher mit den Hausaufgaben Schluss machte.

Außerdem hatte er tatsächlich noch einiges zu tun. So musste er noch seine Wäsche in den Kleiderschrank und seine Matchbox-Autos in sein neues Regal einräumen, damit er sie im Bedarfsfall schnell finden könnte. Er hatte schon von vornherein geahnt, dass das Einräumen seiner Sachen viel Zeit beanspruchen würde, und überlegte sogar, ob er morgen dafür vielleicht **blau**machen sollte. Allerdings hatte seine Mutter einen ziemlich guten Riecher dafür, wann es ihm schlecht ging und wann er einfach nur zu Hause bleiben wollte. Also würde er wohl erst am nächsten Abend fertig werden. Naja, solange sein **gelbes** Rennauto greifbar war, war der Rest nicht so wichtig.

Hendrik sah aus dem Fenster und staunte darüber, wie unglaublich **grün** doch der Wald jetzt im Abendlicht wirkte. Dann fiel sein Blick auf seinen Arm und er fragte sich überrascht, wobei er sich die **blauen** Flecken zugezogen hatte.

„Hendrik!“, riss ihn die Stimme seines Vaters aus seinen Gedanken. „Kannst du mir vielleicht erklären, wo die vielen Kratzer auf meiner Aktentasche herkommen?“ Das Gesicht von Hendriks Vater war **rot** vor Wut, denn die Aktentasche war ein Familienerbstück. „Nein, Papa, kann ich leider nicht“, gab Hendrik wahrheitsgemäß zurück. Die **gelben** Flecken auf der Unterseite der Tasche hätte er erklären können, aber die hatte sein Vater seit zwei Jahren nicht bemerkt.

Gedankenverloren starrte Hendrik wieder in das **Grün** vor seinem Fenster. Dann begann er, seine Schultasche für den nächsten Tag zu packen. Gemeinsam mit seiner Mutter hatte er die Bücher für die Hauptfächer in verschiedenfarbige Umschläge gepackt. Das Mathematikbuch war braun eingepackt, das Deutsch-Lesebuch **rot**, im **grünen** Umschlag steckte das Bio-Buch und für Erdkunde hatten sie **gelb** gewählt. Am nächsten Tag standen Deutsch, Bio und Erdkunde auf dem Stundenplan. Entsprechend griff Hendrik zu **Rot, Grün** und **Gelb.**

Es ging langsam auf die Schlafenszeit zu, Hendrik sah, dass die Zeiger auf seiner **gelben** Armbanduhr auf zehn Minuten vor Neun standen. „Jetzt aber zügig“, dachte er sich, „sonst gibt's von Mama die **rote** Karte.“ Er schnappte sich seine **grüne** Zahnbürste und putzte sich die Zähne.

Als er im Bett lag, sagte er sich nochmal den Zungenbrecher vor, den sein Deutschlehrer ihm aufgegeben hatte: „**Blau**kraut bleibt **Blau**kraut und Brautkleid bleibt Brautkleid.“ Dann schlief er ein.

25 Wald-Derby

Dauer: 15 Minuten

Aktivitätslevel: + +

Material:
- 1 Pfeife

Geförderte Komponenten:
Inhibition: + + | Kognitive Flexibilität: + +

Spielanleitung

- Es werden zwei gleich große Mannschaften gebildet.
- Gespielt wird nach dem Prinzip „Schnick, Schnack, Schnuck" (auch bekannt als „Schere, Stein, Papier"). Gespielt wird jedoch mit dem gesamten Körper. Folgende Bewegungen werden kurz eingeübt:
  - *„Wolf":* die Zähne fletschen, gefährlich aussehen
  - *„Oma":* mit einem imaginären Krückstock wedeln
  - *„Jäger":* mit einer imaginären Flinte zielen
- Die Spieler beider Mannschaften stellen sich an der Mittellinie mit etwa 1 m Abstand in zwei Reihen einander gegenüber auf. In etwa 10 m Abstand zur Mittellinie und ausreichendem Abstand zur Wand markiert beidseitig eine Linie den Schutzraum der jeweiligen Mannschaft.
- Auf Kommando – alle rufen laut „Oma! Jäger! Wolf!" – präsentieren alle Spieler eine der drei Bewegungen. Bei zwei gleichen Bewegungen (Unentschieden) wird der Wettkampf des Paares wiederholt. Treffen verschiedene Symbole aufeinander, gewinnt ein Spieler, der andere verliert:
  - Der Wolf verschlingt die Oma („Wolf" gewinnt).
  - Die Oma schlägt den Jäger mit dem Krückstock („Oma" gewinnt).
  - Der Jäger schießt auf den Wolf („Jäger" gewinnt).
- Je nachdem, ob ein Spieler gewinnt oder verliert, muss er entweder den gegenüberstehenden Spieler ticken oder sich hinter die Linie retten.
- Wer gefangen ist, wechselt auf die Seite der anderen Mannschaft. Dadurch kommt es im Laufe des Spiels zu ungleichmäßigen Paarungen (2:1, 3:1, 4:1...).
- Das Spiel endet nach Ablauf einer vorgegebenen Zeit oder wenn alle Spieler einer Mannschaft gefangen wurden.

Erhöhung des Schwierigkeitsgrads

1. Die Startpositionen werden variiert (sitzend, liegend ...).
2. Ein Pfiff des Spielleiters beim Kommando-Ruf kehrt die Regeln um: „Oma" siegt über „Wolf", „Jäger" über „Oma", „Wolf" über „Jäger"

26 Story-Fangen

Dauer: 15 Minuten

Aktivitätslevel: + +

Material:

- Story-Fangen-Geschichte Nr. 1 und 2 (auch als Download)

Geförderte Komponenten:

Inhibition: + + + | Kognitive Flexibilität: + +

Spielanleitung

- Es werden zwei gleichgroße Mannschaften gebildet. Die Spieler stellen sich an der Mittellinie in zwei Reihen gegenüber auf. Jeweils rund 10 m dahinter markiert eine Linie den Schutzraum der jeweiligen Mannschaft.
- Jeder Mannschaft werden jeweils drei **Signalwörter** zugeteilt:
  - *Mannschaft A:* schwarz, Oma, vier
  - *Mannschaft B:* weiß, Handball, sieben

Der Spielleiter liest die Geschichte Nr. 1 (S. 67f) vor, in der die Signalwörter ab und zu auftauchen. Aber Vorsicht: In der Geschichte kommen ähnlich klingende Wörter vor, sodass vorschnelle Reaktionen unterdrückt werden müssen. Wird tatsächlich eines der Signalwörter genannt, muss die entsprechende Mannschaft die andere ticken, bevor diese ihren Schutzraum hinter der Linie erreicht.

Für jeden gefangenen Gegner erhält die Fängermannschaft einen Punkt. Der Spielleiter zählt und notiert die Punkte. Gefangene Spieler bleiben in ihren Manschaften. Nach einer Jagd kehren die Mannschaften zügig zur Mittellinie zurück und der Spielleiter fährt mit der Geschichte fort.

Erhöhung des Schwierigkeitsgrads

1. Die Ausgangsposition der Spieler wird nach den einzelnen Durchgängen jeweils geändert: liegend, sitzend, im Vierfüßlerstand ...
2. Je nach Signalwort können sich die weglaufenden Spieler in verschiedenen, zuvor festgelegten Schutzbereichen in Sicherheit bringen.
3. Es wird die Geschichte Nr. 2 (S. 69f) vorgelesen. Beide Mannschaften müssen nur noch auf jeweils zwei **Signalwörter** achten:
   - *Mannschaft A:* Meer, gelb
   - *Mannschaft B:* Sand, zwei

   Die gegnerische Mannschaft darf nur gefangen werden, wenn exakt die Signalwörter genannt werden – bei Wörtern, die das Signalwort enthalten oder die sich genauso anhören, muss die Reaktion unterdrückt werden, z. B.:
   - *Signalwort „Meer":* fangen; „mehr": nicht fangen
   - *Signalwort „Sand":* fangen; „Sandra": nicht fangen

Story-Fangen-Geschichte Nr. 1

M

Hallo liebes Großmütterchen,
hattet ihr beiden einen schönen Urlaub an der Nordsee, Opa und du? Ich hoffe, ihr habt euch gut erholt. Mir ist mal wieder etwas Verrücktes passiert, wovon ich dir unbedingt berichten muss: Ich habe dir doch bestimmt von dem **Handball** erzählt, den ich vor ein paar Wochen samstagmorgens im Schaufenster des Sportgeschäfts in der Innenstadt gesehen habe. Ich glaube, das war vor **vier**zehn Tagen. Ich kam aus dem Staunen gar nicht mehr heraus – tatsächlich hatte Nikola Karabatic vom THW Kiel persönlich auf dem Ball unterschrieben, mein absoluter Lieblingsspieler. Von dem habe ich dir und Opa bestimmt schon einmal erzählt. Ich stand wie angewurzelt vor dem Schaufenster und konnte meine Blicke nicht mehr von dem Ball lassen. Erst als ich den Preis entdeckte, erschrak ich und zuckte zusammen. **Sieben**undsechzig Euro – „Oh mein Gott!", dachte ich, denn so viel Geld hatte ich einfach nicht. Aber ich wollte den Ball, den Karabatic in der Hand gehalten und unterzeichnet hat, unbedingt haben!

Schnurstracks machte ich mich mit hastigen Schritten auf den Weg nach Hause, um dort das Sparschwein zu plündern. Zuhause angekommen schnappte ich mir den Werkzeugkoffer, den Papa von Opa geschenkt bekommen hat. Ich kramte darin, bis ich darin den großen, schweren Hammer fand. Erwartungsvoll schaute ich mir das Schweinchen mit den **weißen** Punkten noch einmal an und dann – KLIRRRRR – zersplitterte es durch meinen entschlossenen Schlag in viele Scherben. Doch es reichte schon ein kurzer Blick auf die wenigen Geldmünzen, um festzustellen, dass dieses Geld niemals genügen würde, um mir das heißersehnte Sammlerstück zu kaufen.

Ein anderer Plan musste her, und zwar möglichst schnell. Ich überlegte hin und her, ich grübelte so sehr, dass mein Kopf heiß wurde. Dann, **Oma**, kam mir die Idee: Ich verdiene mir Geld auf den Flohmarkt! Gerade tags zuvor waren Handzettel in der Schule verteilt worden, die für den Flohmarkt am kommenden Sonntag warben.

Als ich Mama und Papa von meinem Einfall berichtete, waren sie begeistert. Wir beschlossen, direkt ans Werk zu gehen. Also machten wir uns zu dritt auf den Weg in den Keller und durchwühlten sämtliche Kartons und Regale. Auch auf Opas alter Handwerksbank haben wir noch ein paar Schätzchen entdeckt. Alles das, was ich mit zum Flohmarkt nehmen konnte, packten wir in einen großen, **weißen** Wäschekorb. In meinem Zimmer fand ich auch noch ein paar Dinge zum Verkaufen – zum Beispiel das ferngesteuerte, schnelle Auto mit den **vier** Sirenen, das stand viel zu viel in der Ecke rum. Dann verkaufe ich es doch besser, damit ein anderes Kind damit spielen kann und ich mehr Geld für den Ball zusammenspare. Ist das nicht weise von mir?

Mit vollgepackten Armen schwankten Mama, Papa und ich am Sonntag früh morgens um halb **sieben** mit schweren, vollgepackten Wäschekörben zu meinem Flohmarktstand in der großen Aula der Schule. Dort angekommen bauten wir den Tapeziertisch auf, auf dem wir all die Kleidung, Spielsachen und sonstigen Dinge verteilten. Auf meine grüne, weiche Bettwäsche legte ich einen alten Kochlöffel und ein Sieb für Nudeln. Daneben platzierte ich eine kleine Tafel mit bunter Kreide und einem Schwamm. Die handbemalte Vase aus Finnland stellte ich vor den Verkaufstisch auf den Boden. Von meinem Schweizer Taschenmesser konnte ich mich nur schwer trennen, aber der Ball war es mir das wert.

Gegen acht Uhr füllte sich die Aula und die Leute schlenderten durch die Gänge. Es waren noch viele andere meiner Mitschüler und Mitschülerinnen gekommen, um eigene Sachen zu verkaufen. Schräg gegenüber von mir hatten Sybille und Hannes ihren Stand. Sybille kennst du, wir waren mal bei dir und haben deine leckeren Waffeln mit heißen Kirschen gegessen.

Mein erster Kunde war ein älterer Mann, der sich für den weichen, pech**schwarzen** Teppich entschied, den wir vor langer Zeit mal in der Küche liegen hatten. Ohne lange zu überlegen, verkaufte ich ihm den Teppich für 6 Euro.

Eifrig versuchte ich, möglichst viel zu verkaufen. Die Mama einer Mitschülerin kaufte mir eine alte, sibirische Tischleuchte für fünf Euro ab. Ich machte ein paar wirklich gute Geschäfte und war am Ende des Tages ganz erschöpft und schwach ... Aber die Spannung, wieviel ich mit all den verkauften Sachen eingenommen hatte, hielt mich wach. Aufgeregt öffnete ich meine Geldbörse und zählte das Geld. „Oh je!“, murmelte ich dann enttäuscht, „Weit komme ich damit nicht.“ Noch immer fehlte mir viel Geld, um den Ball zu kaufen.

Ich schlurfte mit hängenden Schultern durch die schmalen Flohmarktgänge ...und plötzlich – ich konnte meinen eigenen Augen kaum trauen – sah ich auf dem Stand eines anderen Mitschülers namens Simon **Schwarz** genau den Ball mit genau der Unterschrift, für den ich all diese Mühe auf mich genommen hatte. Mein Herz puckerte und ich merkte, wie meine Wangen anfingen zu glühen, als hätte ich Fieber. Ich steuerte direkt auf den **Handball** zu und fragte Simon, wie viel er kosten sollte. „Fünfzig Euro.“, antwortete er. Da ich insgesamt nur **vier**zig Euro hatte, handelte ich, was das Zeug hielt, und tatsächlich, er verkaufte mir den Ball zu diesem Preis. Puh, da hat sich die ganze Mühe doch gelohnt – und viel Spaß hat es auch gemacht.

Nun liegt der Ball auf meiner Kommode in meinem Zimmer und immer, wenn ich ein Spiel habe, nehme ich ihn als Glücksbringer mit. Gerade gestern hatten wir ein schweres Spiel – das war vielleicht spannend, **Oma**. Nur wenige Sekunden vor Spielende stand es 21:20 für uns und der Schiedsrichter gab der gegnerischen Mannschaft einen **Sieben**meter. Wir zitterten um unseren Sieg, aber dank einer Glanzparade unseres Torwarts ging Ball nicht ins Netz! Der Schiri pfiff das Spiel ab und wir bejubelten das gewonnene Spiel.

Bald musst du auch wieder bei einem meiner Spiele zuschauen und uns anfeuern, damit wir siegen! Das kannst du doch so gut!

Bis bald und viele liebe Grüße auch an Opa!
Dein Enkel Louis

~ Ende ~

Story-Fangen-Geschichte Nr. 2

Familie Gellinger verbringt ihren Sommerurlaub in Afrika. Am Strand von Tansania lassen alle richtig die Seele baumeln. Sie haben sich für wenig Geld ein Ferienhaus direkt am Strand zwischen drei großen Palmen gemietet, sodass sie vom Frühstückstisch einen wunderschönen Blick auf das **Meer** haben.

Die Gellingers machen nur das, wozu sie Lust haben, ohne Zwang und ganz gelassen. Bisher haben sie sich in ihrem Urlaub noch kein bisschen gelangweilt.

Am Freitag organisieren sie ein Fußballspiel am Strand. Dazu laden sie mehrere Urlauber und Einheimische ein, die sich am Strand aufhielten. Ruck zuck haben sie mehr als zwanzig Menschen für ihre Idee begeistert und nach nur kurzer Zeit genug Spieler für **zwei** Mannschaften. Sandra markiert mit Linien ein Fußballfeld, Mama Merle grenzt die Tore mit Zweigen ab und dann kann das Spektakel beginnen. „Das war ein wirklich gelungener Tag!", strahlt Sandra abends, „das Fußballspielen in dem samtweichen **Sand** war zwar anstrengend, aber es hat mega viel Spaß gemacht und wir haben so viel gelacht!"

Auch Samstag am Frühstückstisch, als sie genüsslich eine Melone verspeisen, überlegen sich die Drei, was sie tagsüber Abenteuerliches anstellen können. Sie einigten sich darauf, ein Boot zu mieten.

Am Bootsverleih angekommen entscheiden sich die Drei für ein Ruderboot, das den Namen „Sansibar Zwölf" trägt und in einem fröhlichen **Gelb** und Blau erstrahlt. Eingekleidet in grellen Schwimmwesten und mit lautem Gesang stechen Sandra, Mama Merle und Papa Thomas an diesem schönen Samstagmorgen mit dem geliehenen Boot in See. Manchmal bringen kräftige Wellen das Boot ins Schwanken. Da gleichzeitig immer nur **zwei** Leute rudern können, ist es die Aufgabe des Dritten, die Richtung anzugeben. „Steuerbord!!", ruft Mama Merle, die ganz vorn sitzt und alles ganz genau im Blick hat. Also wird das Boot nach rechts gelenkt.

Plötzlich sieht Sandra etwas Merkwürdiges auf dem Wasser. Aufgeregt steuern die Drei direkt darauf zu, bis es neben ihrem Boot schwimmt. „Ein selbstgebautes, kleines **gelbes** Segelboot, wie cool!", ruft Sandra. Sie beugt sich über die Reling, um das kleine Kunstwerk aus dem Wasser zu fischen. „Das Boot ist wirklich sehr gelungen. Oh, schaut mal, da ist etwas um den Mast gewickelt!", bemerkt Mama Merle. Papa Thomas entdeckt einen Brief. „Zweifellos eine Schatzkarte!", raunt er verblüfft. Nachdem er die Karte auf den Boden des Ruderbootes gelegt hat, neigen alle Drei ihre Köpfe darüber. Sie entdecken, dass die eingezeichnete Route auf der Insel Mnemba liegt. „Mnemba, diese Insel können wir doch sogar vom Frühstückstisch sehen. Das ist nicht weit von hier!", sagt Mama Merle und zeigt auf eine kleine Insel, die aus dem **Meer** ragt. Ohne an ihren Seefahrerkünsten zu zweifeln, entschließen sich die Gellingers, dem Schatz auf die Spur zu gehen. „Mensch, das wäre doch gelacht, wenn wir diesen Schatz nicht finden würden! Ich will mehr darüber erfahren! Also dann, Backbord!", ordnet Mama Merle an und das Boot nimmt Fahrt in Richtung Mnemba auf.

Nach gut zwanzig Minuten erreicht Familie Gellinger die Insel. Noch im Boot sitzend sind sie überwältigt von der atemberaubenden Natur dieser Insel: ein menschenleerer Strand mit feinstem **Sand** und dahinter ein großer, tiefgrüner Urwald.

Sie gehen an Land. Sandra blickt auf die Karte, um sich zu orientieren. „Da vorn beginnt die Route!", erklärt sie. „Also los, worauf warten wir noch?", entgegnet Mama Merle und marschiert los. Nun machen sich auch die anderen **Zwei** auf den Weg. Der Karte folgend tauchen Sandra und ihre Eltern in einen saftig-grünen Urwald ein. Sie klettern über moosige Steine, balancieren über mehrere umgefallene Baumstämme und springen über kleine Bachläufe. Dabei ist es Sandra ganz mulmig zumute, weil sie nur Sandalen anhat. Auf dem Weg entdeckt sie wunderschöne **gelb** gepunktete Blumen, die sie prompt zu ihren Lieblingsblumen erklärt.

„Gleich haben wir es geschafft, gleich gelangen wir zum Schatz!", verkündet Sandra erfreut. Viele Zweige versperren den Dreien den Weg. Sie drücken sie vorsichtig zur Seite, um sich zwischen ihnen hindurch zu zwängen. Nachdem sie eine Weile gelaufen sind, bleibt Mama Merle plötzlich stehen und fragt: „Hört ihr auch das **Meer** rauschen?" Sie unterbrechen ihre Unterhaltung und lauschen. „Zweifellos, du hast Recht!", erwidert Sandra.

Die Gellingers folgen dem Weg aus **Sand** durch das Gelände. Plötzlich sehen sie einen riesigen Wasserfall, dessen Wasser im **gelben** Sonnenschein türkis glänzt und glitzert und sich unten in einem kleinen, funkelnden See sammelt. „Wooow! So etwas habe ich noch nie gesehen!", staunt Sandra. Laut jauchzend laufen die Gellingers Hand in Hand ins Wasser, um darin zu schwimmen. Sie stellten sich unter den Wasserfall, als wäre es eine riesengroße Dusche. „Merkwürdig. Seht ihr den Glitzer auf unserer Haut?", fragt Sandra. „Wir baden in einem ganz besonderen Wasserfall", flüstert Mama Merle und zwinkert ihr zu. „Dies ist ein Glückswasserfall! Ihr **Zwei** dürft euch etwas wünschen, aber euren Wunsch dürft ihr niemandem sagen. Sonst gehen eure Wünsche nicht in Erfüllung." Sie schließen die Augen und denken ganz fest an ihren Wunsch.

„Mama und Papa, wisst ihr was? Wir müssen das kleine Segelboot unbedingt wieder auf Reisen schicken, damit noch eine Menge Menschen hierherkommen können und diesen mega coolen Ort entdecken! Für kein Geld der Welt würde ich dieses Erlebnis je eintauschen wollen!" Die Drei machen sich auf den Heimweg. Sandra geht ohne ihre geliebten Sandalen über den Strand und fühlt den samtartigen **Sand** unter ihren Füßen. Als die Gellingers in ihrem kleinen Boot sitzen, lassen sie es aufs weite **Meer** treiben. Sandra schaut auf ihren Arm, der immer noch ein wenig in der Abendsonne glänzt. „Dieses Erlebnis werde ich nie mehr vergessen!", denkt sie überglücklich.

~ Ende ~

27 Switchball

Dauer: 15 Minuten

Aktivitätslevel: + +

Material:
- Musik
- Hallenmaterial: 1 weißer (Soft-)Ball, 1 gelber (Soft-)Ball, 2 rote (Soft-)Bälle

Geförderte Komponenten:
Inhibition: + + | Kognitive Flexibilität: + +

Spielanleitung

- Es werden Mannschaften mit je etwa sieben Spielern gebildet. Jeweils zwei Mannschaften treten gegeneinander an.
- Das Spiel folgt den Regeln des Völkerballspiels: Jede Mannschaft hat einen „Hintermann". Alle Mannschaftsmitglieder versuchen, die Gegner abzuwerfen. Wer getroffen ist, geht in den Bereich des Hintermanns, bis er sich wieder freigeworfen hat.
- Anders als beim Völkerball wird mit verschiedenfarbigen Bällen gespielt. Zunächst sind nur ein weißer und ein gelber Ball im Spiel. Die Ballfarben haben unterschiedliche Bedeutungen:
  - Der *weiße Ball* muss mit dem starken Arm geworfen werden.
  - Der *gelbe Ball* muss mit dem schwachen Arm geworfen werden.
- Sobald sich die Mannschaften eingespielt haben, bekommt jede Mannschaft zusätzlich einen *roten Ball* als Schutzball. Er wechselt nie die Seiten und darf von einem Spieler nur zehn Sekunden lang gehalten werden. Wird der Spieler in dieser Zeit getroffen, muss der Werfer raus.

Erhöhung des Schwierigkeitsgrads

Zwischendurch stellt der Spielleiter für kurze Zeit Musik an. Es gelten folgende Fangregeln:

- Wenn *keine Musik* läuft, dürfen die Bälle direkt gefangen werden und zählen nicht als Treffer.
- Wenn *Musik* läuft, gelten direkt gefangene Bälle als Treffer. Die Bälle müssen nun vor dem Fangen mindestens einmal den Boden berührt haben.

28 Super-Mario-Match

Dauer: 30 Minuten

Aktivitätslevel: + + +

Material:
- Wäscheklammern, Kreppband
- Hallenmaterial: 4 Langbänke, 6 kleine Kästen, 4 Softbälle, je 4 blaue, rote und gelbe Leibchen

Geförderte Komponenten:
Inhibition: + + | Kognitive Flexibilität: + +

Spielanleitung

- Es werden vier gleichgroße Mannschaften mit je 4–7 Spielern gebildet. Jede Mannschaft erhält eine Nummer zwischen 1 und 4.
- Vier Langbänke werden in der Mitte des Spielfelds in einem Kreuz angeordnet, sodass vier voneinander getrennte Mannschaftsfelder entstehen. Im vorderen Bereich jedes Felds wird mit Kreppband ein Kreis markiert.
- Jede Mannschaft stellt sich in ein Feld. Dort liegen jeweils drei Leibchen in drei Farben bereit (z. B. Blau, Rot und Gelb).
- An zwei Seiten des Spielfelds steht in einiger Entfernung jeweils ein kleiner Kasten mit Wäscheklammern. In der Verlängerung der Mannschaftsfelder befinden sich vier weitere kleine Kästen, die den jeweiligen Mannschaften gehören.

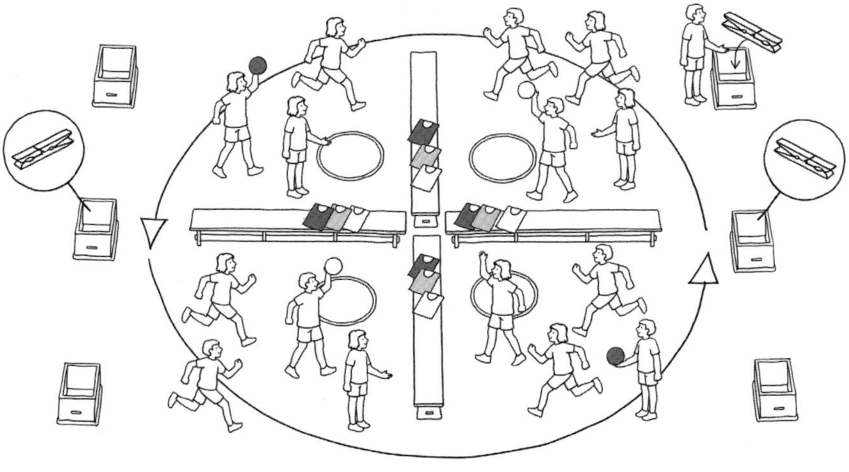

Mannschaftsspiele

- Die Mannschaften spielen eine Völkerballvariante, bei der jeweils zwei Mannschaften direkte Gegner sind. Die Duell-Partner wechseln unregelmäßig und ergeben sich durch drei Rufsignale des Spielleiters:
  - *„HEPP“:* Mannschaft 1 spielt gegen Mannschaft 2 und Mannschaft 3 gegen Mannschaft 4.
  - *„HOPP“:* Mannschaft 1 spielt gegen Mannschaft 3 und Mannschaft 2 gegen Mannschaft 4.
  - *„BÄM“:* Mannschaft 1 spielt gegen Mannschaft 4 und Mannschaft 2 gegen Mannschaft 3.
- Abgeworfen werden darf nur mit Bällen, die direkt vom Gegner abgefangen wurden. Wird ein Spieler getroffen, muss dieser eine Runde um das gesamte Spielfeld laufen. Auf seiner Laufrunde sammelt er aus einem der beiden Kästen am Spielfeldrand eine Wäscheklammer ein und legt sie in den Kasten der Mannschaft, die ihn getroffen hat.
- Zunächst wird mit zwei Bällen gespielt: Die sich duellierenden Mannschaften erhalten jeweils einen Spielball. Sobald ein Spielfluss entstanden ist, können zwei weitere Bälle hinzugegeben werden.
- Die farbigen Leibchen haben folgende Bedeutung:
  - Das *blaue Leibchen* verleiht einem getroffenen Spieler in der Zeit danach einen besonderen Schutz: Sobald dieser Spieler die Strafrunde beendet hat, zieht er sich das blaue Leibchen an. Solange er es trägt, ist er der „Super Mario“ und kann nicht abgeworfen werden. Er selber darf jedoch andere Spieler abwerfen. Das Leibchen wird wieder abgegeben, wenn ein anderer Spieler aus der Mannschaft getroffen wurde und den Schutz bekommt.
  - Das *rote Leibchen* macht einen Spieler, der zweimal in Folge einen Gegner abwirft, ohne selbst getroffen zu werden, zu „Poldi“. Wird „Poldi“ abgeworffen, muss er der erfolgreichen Mannschaft zwei Wäscheklammern (statt einer) in den Kasten legen. Gleichzeitig sind die von „Poldi“ geworfenen Bälle besonders gefährlich: Seine „Feuerbälle“ dürfen im Gegensatz zu den anderen Bällen vom Gegner nicht direkt gefangen werden, sonst gilt dieser als getroffen. Das rote Leibchen muss wieder abgegeben werden, sobald „Poldi“ abgeworfen wurde oder ein anderes Mannschaftsmitglied die Bedingungen für das Leibchen erfüllt.
  - Das *gelbe Leibchen* erhalten Spieler, die einen „Poldi“ abwerfen und damit zu einem „Frodo“ werden. „Frodo“ kann wie alle anderen getroffen werden, er selber darf jedoch keine Gegner abwerfen. Stattdessen muss er versuchen, den Ball in den gegnerischen Kreis zu werfen. Für jeden Treffer darf „Frodo“ drei Wäscheklammern in seinen Mannschaftskasten legen. Danach oder wenn ein anderes Mannschaftsmitglied die Bedingungen für das Leibchen erfüllt, muss „Frodo“ das Leibchen wieder abgeben.
- Das Spiel ist zu Ende, sobald alle Wäscheklammern vergeben sind. Die Mannschaft, die am Ende die meisten Wäscheklammern im eigenen Kasten hat, gewinnt.

29 Super Hero-Challenge

Dauer: 45 Minuten

Aktivitätslevel: + +

Material:
- Wäscheklammern
- Hallenmaterial: 1 Weichbodenmatte, 5 kleine Matten, 3 Langbänke, 1 kleines Trampolin, 5 große Kästen, 8 kleine Kästen, 4 Kastenteile, 1 Kastendeckel , 5 Reifen, möglichst viele Softbälle (in mindestens 2 Farben)

Geförderte Komponenten:
Kognitive Flexibilität: +

Spielanleitung
- Es werden zwei gleichgroße Mannschaften gebildet, die die Rolle der Werfer oder die der Läufer übernehmen.
- Es wird ein Hindernisparcours aus dem Hallenmaterial aufgebaut, an dessen Ende ein Kasten mit Wäscheklammern sowie zwei leere Kästen (Mannschaftskästen) umgedreht aufgestellt werden:
  - Die *Spieler der Läufermannschaft* sollen den Parcours absolvieren, ohne abgeworfen zu werden. Sobald ein Läufer am Trampolin angekommen ist, darf der nächste Läufer sich auf den Weg machen.
  - Die *Spieler der Werfermannschaft* verteilen sich außerhalb des Parcours, um aus mindestens 5 m Entfernung die Läufermannschaft mit Softbällen, die in kleinen Kästen bereitliegen, abzuwerfen. Auch die mit der Zeit herumliegenden Bälle dürfen erneut genutzt werden; geworfen werden darf jedoch nur aus der festgelegten Entfernung.
- Ein Wurf zählt nur als Treffer, wenn der Ball den Läufer unterhalb der Hüfte oder an den Armen und Händen trifft. Ein getroffener Läufer muss den Parcours vorzeitig beenden und erhält keine Punkte. Wird der Ball gefangen, zählt dies nicht als Treffer und der Läufer darf den Parcours fortsetzen.
- Hat ein Spieler aus der Läufermannschaft den Parcours geschafft, nimmt er sich eine Wäscheklammer aus einem Kasten am Ende des Parcours, wirft die Wäscheklammer in seinen Mannschaftskasten und stellt sich wieder an. Sobald die Läufer den Kasten mit den Wäscheklammern erreicht haben, dürfen sie nicht mehr abgeworfen werden („verbotene Abwurfzone“).
- Nach zehn Minuten ist ein Durchgang beendet, dann wechseln die Mannschaften die Rollen. Die Mannschaft, die nach dem zweiten Durchgang die meisten Wäscheklammern gesammelt hat, gewinnt.

Hinweis: Um es der Werfermannschaft schwerer zu machen, können große Kästen an ausgewählten Stellen um den Parcours herum gestellt werden, hinter denen die Läufer in Deckung gehen können.

Erhöhung des Schwierigkeitsgrads

Eine Ballfarbe (z. B. Gelb) wird mit neuen Regeln verknüpft:

- Fängt ein Läufer den gelben Ball, darf er nach erfolgreichem Absolvieren des Parcours zwei Wäscheklammern statt einer für seine Mannschaft nehmen.
- Wird ein Läufer aber von dem gelben Ball getroffen, ohne ihn zu fangen, darf der Werfer der Läufermannschaft eine Wäscheklammer wegnehmen und für die eigene Mannschaft behalten. Außerdem darf der Läufer den Parcours nicht fortsetzen, sondern muss sich wieder hinten anstellen.
- Bei allen anderen Ballfarben bleiben die Ursprungsregeln bestehen.

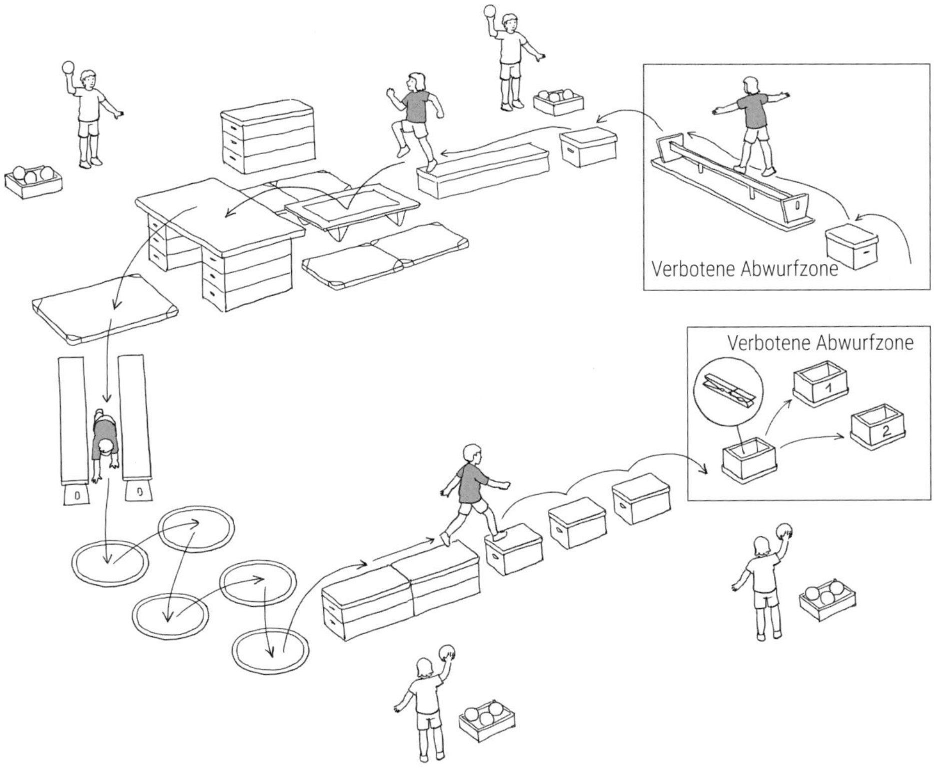

30 Bildchen, wechsle dich!

Dauer: 40 Minuten

Aktivitätslevel: +

Material:
- Hallenmaterial: 3 kleine Kästen, 5 kleine Matten, 2 Reifen, 1 weißer Ball, 1 blauer Ball
- Download-Material: 1 Stationskarte 1A, 1 Stationskarte 1B, 1 Stationskarte 2, 1 Set Stationskärtchen 3, 1 Lösungsblatt A, 1 Lösungsblatt B

Geförderte Komponenten:
Kognitive Flexibilität: + | Arbeitsgedächtnis: + + +

Spielanleitung

- Es werden zwei gleichgroße Mannschaften gebildet. Je eine Mannschaft übernimmt wie in einem Brennballspiel die Läuferrolle und die Fängerrolle.
- In der Halle wird ein beliebiger Brennball-Parcours aufgebaut. Am Spielfeldrand werden mit kleinen Matten ungefähr fünf „Rettungsinseln“ und im vorderen Spielfelddrittel mit einem Reifen eine „Abbrenn-Station“ eingerichtet.
- Gespielt wird nach Brennball-Regeln: Die Läufer werfen nacheinander einen Ball in das Spielfeld, den die Fänger abfangen und so schnell wie möglich durch Wurfpässe in den Reifen befördern müssen. Die Zeit, bevor der Ball dort ankommt, müssen die Läufer nutzen, um den Parcours zu durchlaufen. Erreicht der Ball den Reifen, bevor die Läufer auf eine „Rettungsinsel“ geflüchtet oder im Ziel angekommen sind, sind sie „verbrannt“, müssen den Parcours abbrechen und sich wieder hinter ihren Mitspielern aufstellen.

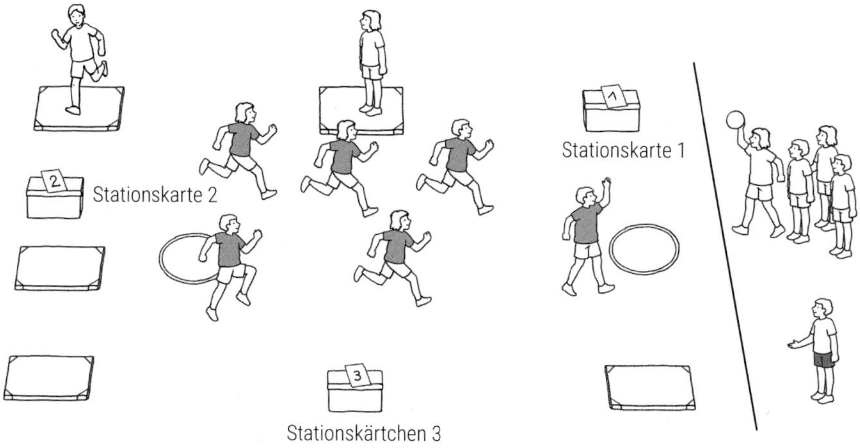

- Diese Brennball-Grundregeln werden in diesem Spiel abgewandelt. Dafür werden zwischen den „Rettungsinseln“ an drei Stellen kleine Kästen aufgestellt. Auf Kasten 1 wird die Stationskarte 1A, auf Kasten 2 die Stationskarte 2 und auf Kasten 3 die kleinen Lösungskärtchen 3 platziert. Die Stationskarten dürfen nicht von den „Rettungsinsel“ aus zu erkennen sein.

Hinweis: Die Kästen schützen einen Läufer nicht: Ein Läufer, der sich hier befindet, wenn ein Ball die „Abbrenn-Station“ erreicht, ist „verbrannt“.

- Die Läufermannschaft muss den Parcours möglichst schnell absolvieren. Die Zeit wird vom Spielleiter gestoppt.
- Eine Spielrunde ist beendet, sobald die Mannschaft insgesamt 15 Lösungskärtchen gesammelt hat. Jeder Läufer darf auf dem Weg durch den Parcours maximal ein Lösungskärtchen von Kasten 3 nehmen.
- Welches der auf Kastenstation 3 ausgelegten 30 Kärtchen jeweils das richtige ist, erfährt der Läufer an den Kastenstationen 1 und 2:
  - An *Station 1* liegt eine Liste an Bilderabfolgen mit je vier Motiven bereit. Der erste Läufer prägt sich die Abfolge a ein, der zweite Spieler die Abfolge b ...
  - An *Station 2* gibt Stationskarte 2 durch zwei Zahlen (z. B. „3 – 1“) an, wie die eingeprägte Bildfolge neu geordnet werden muss. *Beispiel*: Bestand die ursprüngliche Abfolge in Karte 1 aus „Haus + Auto + Ente + Baum“, muss der Läufer sich jetzt nur noch „Haus + Baum“ (in dieser Reihenfolge!) merken.

Hinweis: Rettet sich ein Spieler rechtzeitig auf eine Insel, hat es jedoch nicht geschafft, sich die notwendigen Informationen an einer der Stationen einzuprägen, darf er erneut zu der Station laufen, wenn die Läufer wieder rennen dürfen.

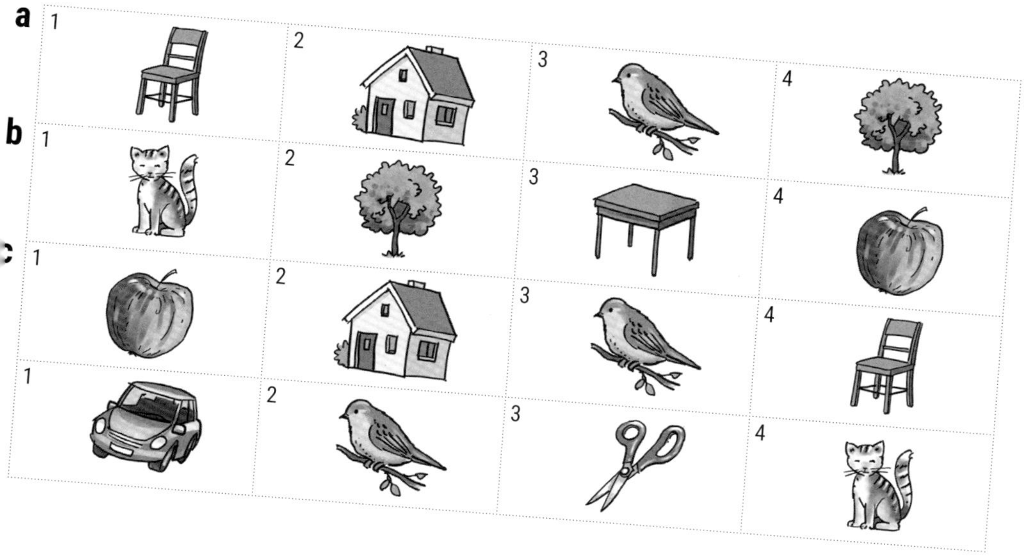

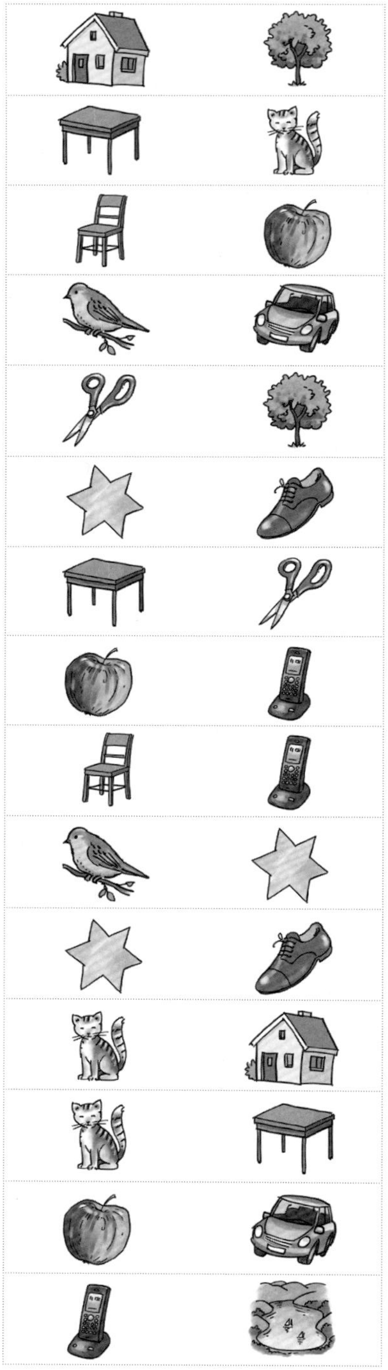

- Schafft es der Spieler bis zur letzten Station, ohne zu „verbrennen“, nimmt er sich dort das Kärtchen mit der Bildfolge, die er für richtig hält. Nach Erreichen des Ziels gibt er das Kärtchen an den Spielleiter, der die Lösung mit dem Lösungszettel abgleicht und für jede richtige Abfolge einen Punkt notiert. Ob die Abfolge richtig oder falsch ist, teilt er den Spielern nicht mit.

Hinweis: Im Eifer des Gefechts sollten die Spieler nicht vergessen, sich abzustimmen, wer für welche Reihenfolge (a, b, c, d ...) zuständig ist. Ist ein Spieler „verbrannt“, informiert er den nächsten Spieler darüber, welche Abfolge nun wieder „frei“ ist, damit keine Abfolge ausgelassen wird.

- Wurden alle **15 Lösungskärtchen** (links) gesammelt, kommen sie zurück auf Kasten 3 und die Mannschaften tauschen die Rollen. An Kastenstation 1 wird die Stationskarte 1B ausgelegt.
- Die Spieler der neuen Läufermannschaft haben für den Parcours nicht beliebig viel Zeit: Spätestens 2 Minuten nach der von der ersten Mannschaft vorgelegten Zeit bricht der Spielleiter die Runde ab.
- Die schnellere Mannschaft bekommt zwei Extrapunkte, die mit den Punkten für die richtigen Lösungskärtchen addiert werden. Die Mannschaft, die die meisten Punkte erzielt hat, gewinnt das Spiel.

Erhöhung des Schwierigkeitsgrads

Auf der gegenüberliegenden Spielfeldseite wird eine zweite „Abbrenn-Station“ (Reifen) aufgebaut. Die Werfer der Läufermannschaft dürfen sich nun spontan zwischen einem blauen oder einem weißen Ball entscheiden. Je nachdem, welcher Ball geworfen wird, muss die Fängermannschaft die vordere (weißer Ball) oder die hintere (blauer Ball) „Abbrenn-Station“ anspielen.

31 Auf die Würfel, fertig, los!

Dauer: 15 Minuten

Aktivitätslevel: +

Material:

- 1 Würfel (je Mannschaft)
- Hallenmaterial: 2 Hütchen (je Mannschaft)

Geförderte Komponenten:
Kognitive Flexibilität: + +
Arbeitsgedächtnis: + + +

Spielanleitung

- Es werden gleichgroße Mannschaften mit je sechs Spielern gebildet, die in einer Staffel gegeneinander antreten.
- Jede Mannschaft hat einen eigenen Start- und Wendepunkt. Beides wird mit einem Hütchen markiert. An jedem Wendepunkt befindet sich ein Würfel.
- Jeweils ein Spieler aus jeder Mannschaft läuft zum Wendepunkt, würfelt und muss entsprechend der gewürfelten Zahl den Rückweg wie folgt antreten:

1= klatschend	*2* = im Rückwärtsgang	*3* = im Seitgalopp
4 = hopsend	*5* = im Scherenschritt	*6* = abwechselnd anfersen

- Die Zahlen 1–6 müssen in der richtigen Reihenfolge gewürfelt werden: zuerst die 1, dann die 2, die 3 und so weiter. Jeder Spieler darf an der Wendestation nur einmal sein Glück versuchen. Wenn ein Spieler nicht die benötigte Zahl würfelt, muss der nachfolgende Spieler es versuchen und ggf. der nächste ...
- Die Spieler dürfen während des gesamten Spiels nicht miteinander reden. Allein aufgrund der Fortbewegungsart des Mitspielers muss der nächste Spieler ableiten, welche Zahl als nächste gewürfelt werden muss.

Hinweis: Ob sich die Spieler gemäß der gewürfelten Zahl fortbewegen, kann ein Spielleiter kontrollieren. Alternativ kann man das Spiel anfangs durch einen „Spickzettel" mit den sechs Bewegungsarten an der Wendestation erleichtern.

- Es gewinnt die Mannschaft, die die Staffel am schnellsten korrekt beendet.

Erhöhung des Schwierigkeitsgrads:

1. Würfeln zwei Mannschaftsmitglieder hintereinander dieselbe Zahl und bewegen sie sich auf die gleiche Art fort, muss die ganze Mannschaft einmal bis zum Wendepunkt und wieder zurücklaufen. Danach geht das Spiel normal weiter.
2. Die Spieler bewegen sich auf dieselbe Art zur Wendestation hin, wie der vorletzte Mitspieler zurück zum Startpunkt kam.

Beispiel: Spieler 1 läuft rückwärts, Spieler 2 im Hopserlauf zurück. Nun müssen Spieler 3 rückwärts und Spieler 4 im Hopserlauf zur Wendestation laufen. Die Fortbewegungsart beim Rückweg richtet sich weiterhin nach der Würfelzahl.

32 Memo-Picture-Run

Dauer: 15 Minuten

Aktivitätslevel: +

Material:

- 1 Stift (je Mannschaft)
- Hallenmaterial: 1 kleine Matte, 1 Hütchen (je Mannschaft)
- Download-Material: 25 Memo-Picture-Run-Spielkarten, 1 Memo-Picture-Run-Blanco-Karte (je Mannschaft)

Geförderte Komponenten:
Arbeitsgedächtnis: + +

Spielanleitung

- Es werden Mannschaften mit 3–5 Spielern gebildet, die in einer Staffel gegeneinander antreten. Jede Mannschaft hat einen eigenen Startpunkt, der mit einem Hütchen markiert ist.
- Für alle Mannschaften gibt es einen gemeinsamen Wendepunkt. Dort sind im Quadrat 25 Bildkarten verdeckt, also mit dem Bild nach unten, ausgelegt.

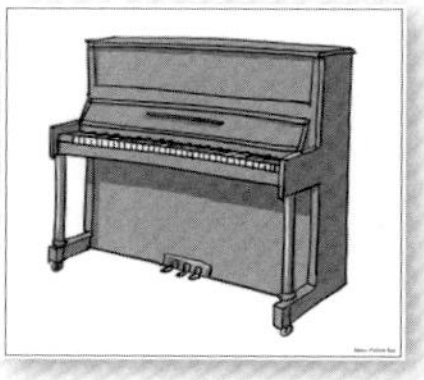
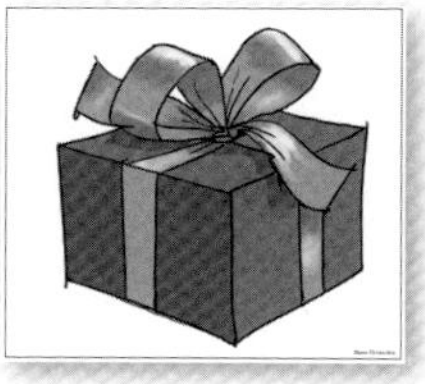
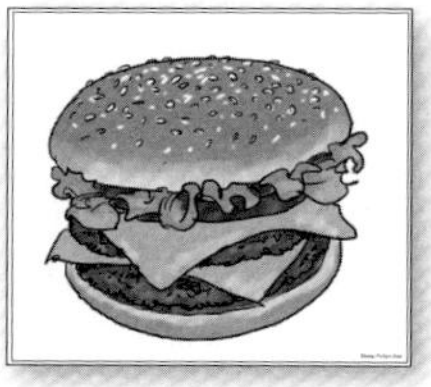
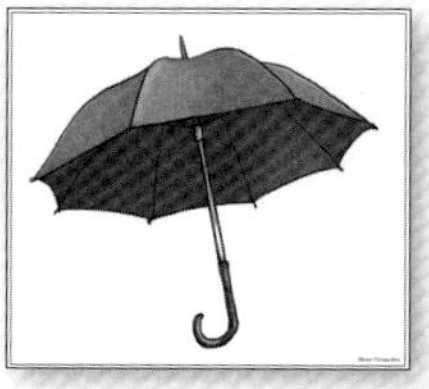
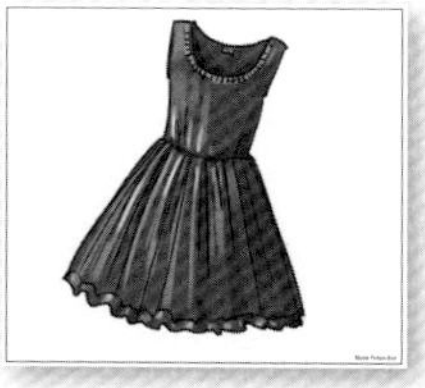
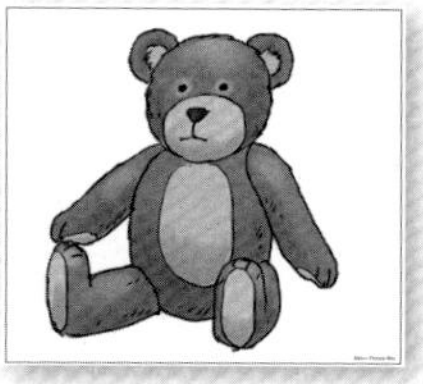
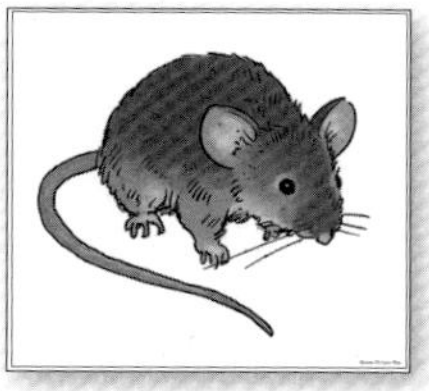
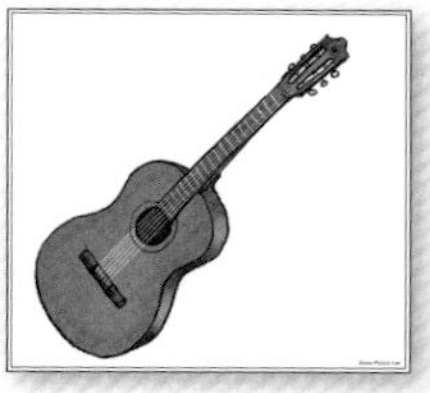

- Die Mannschaften haben die Aufgabe, sich so viele Bilder wie möglich einzuprägen. Dafür läuft während der Staffel immer ein Spieler aus jeder Mannschaft zum Wendepunkt. Dort darf er eine (!) Karte aufdecken (= wenden) und muss sich das Bild und dessen Position merken. Danach dreht er die Karte wieder um und verdeckt das Bild.

Hinweis: Nach der Erklärung der Spielregeln sollten die Mannschaften zwei Minuten Zeit bekommen, um sich eine Strategie zu überlegen, damit nicht jeder Spieler dieselben Karten aufdeckt.

- Nach etwa drei Minuten Einprägungs- bzw. Laufzeit müssen die Spieler die Position der Bilder auf einer Blanco-Karte reproduzieren: Sie sollen die erinnerten Bildmotive in Worten in die vorgegebenen Kästchen schreiben.

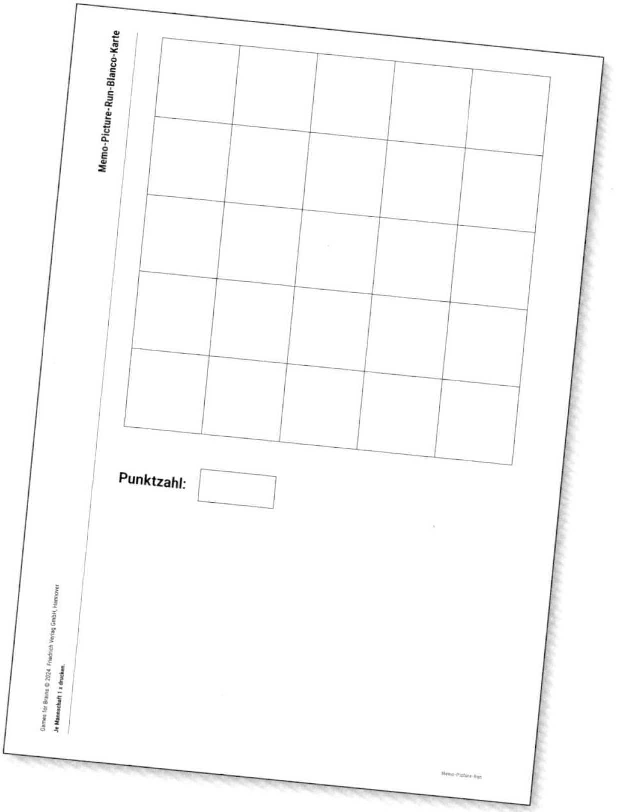

- Der Spielleiter kontrolliert die Lösungen der Mannschaften im Plenum. Für jedes richtig wiedergegebene Bild erhält die Mannschaft einen Punkt. Die Mannschaft mit den meisten Punkten gewinnt den Memo-Picture-Run.

Erhöhung des Schwierigkeitsgrads

Bevor die Spieler die Blanco-Karte ausfüllen dürfen, sollen sich alle so um das Kartenfeld verteilen, dass sie eine gute Sicht darauf haben. Der Spielleiter tauscht dann in mäßiger Geschwindigkeit die Position einiger Karten, ohne diese aufzudecken. Nun muss die neue Kombination der vertauschten Karten in die Blanco-Karten eingetragen werden.

33 Chaos-Karree

Dauer: 15 Minuten

Aktivitätslevel: + +

Material (je Mannschaft):

- Hallenmaterial: 4 kleine Kästen, 1 Hütchen
- Download-Material: 8 Chaos-Karree-Spielkarten, 4 Chaos-Karree-Markierungskarten

Geförderte Komponenten:

Inhibition: + + + | Kognitive Flexibilität: + + +

Spielanleitung

- Es werden gleichgroße Mannschaften mit jeweils etwa sieben Spielern gebildet. Zusätzlich wird für jede Mannschaft ein neutraler Spielleiter bestimmt.
- Für jede Mannschaft werden vier Kästen zu einem Quadrat aufgestellt und in der Mitte ein Hütchen platziert. Die vier Kästen werden mit den Buchstaben A, B, C und D markiert.

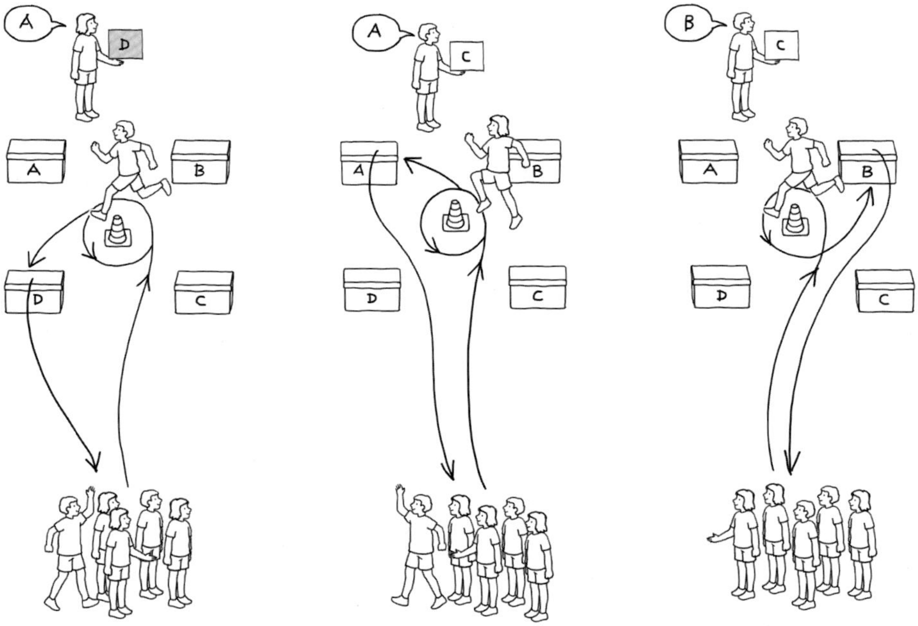

Staffelspiele

- Die Spieler einer Mannschaft reihen sich im Abstand von etwa 10 m zum ersten Kasten hinter einer Startlinie hintereinander auf.
- Die Mannschaften treten nun in einer Staffel gegeneinander an und versuchen, ihr Chaos-Karree in möglichst kurzer Zeit zu bewältigen. Jeder Spieler muss den Parcours zweimal erfolgreich durchlaufen: Zunächst umkreist er das Hütchen im Karree. Dabei gibt sein Spielleiter durch ein Signal an, welchen der vier Kästen der Spieler überspringen soll. Das Signal besteht aus einem gesprochenen Buchstaben und einem hochgehaltenen Zettel, der mit einem Buchstaben beschriftet ist. Je nach der Farbe des Zettels muss der Spieler sich bei der Wahl des Kastens nach dem akustisch oder dem visuell präsentierten Buchstaben richten:
  - *gelber Hintergrund:* zu dem Buchstaben laufen, der gerufen wird
  - *blauer Hintergrund:* zu dem Buchstaben laufen, der auf der Karte steht
- Der Spielleiter kontrolliert, ob der Spieler korrekt reagiert hat. In diesem Fall läuft der Spieler zurück zu seiner Mannschaft und klatscht den nächsten Spieler in der Reihe ab, der sich dann auf den Weg machen darf. Hat der Spieler entgegen der Anweisungen des Spielleiters den falschen Kasten übersprungen, muss er erneut das Hütchen umkreisen und dann den richtigen Kasten überspringen.
- Es gewinnt die Mannschaft, deren Spieler am schnellsten das Chaos-Karree bewältigt haben.

Hinweis: Zum Einüben können vor Beginn der Staffel einige Probedurchläufe gemacht werden. Dabei kann das Signal zunächst entweder ein gesprochener Buchstabe oder ein hochgehaltener Zettel sein.

Erhöhung des Schwierigkeitsgrads:

Beim zweiten Durchgang jedes Spielers werden die Farbzuordnungen vertauscht. Nun gelten die folgenden Regeln:

- *gelber Hintergrund:* zu dem Buchstaben laufen, der auf der Karte steht
- *blauer Hintergrund:* zu dem Buchstaben laufen, der gerufen wird

34 Duell der Könige

Dauer: 15 Minuten

Aktivitätslevel: +

Material:

- 2 Skatblätter, 4 Würfel
- Download-Material: 4 Duell der Könige-Wörterlisten

Geförderte Komponenten:
Arbeitsgedächtnis: + + +

Spielanleitung

- Es werden vier möglichst gleichgroße Mannschaften gebildet, die sich an der Startlinie aufstellen. Dort liegt für jede Mannschaft ein Würfel bereit.
- Auf der anderen Seite der Halle liegen die 64 Karten von zwei kompletten Skatblättern gemischt und verdeckt in einer langen Reihe auf dem Boden. Jeder Mannschaft wird eine Kartenfarbe zugewiesen: Herz, Karo, Kreuz oder Pik.
- Ziel jeder Mannschaft ist es, jeweils ein Exemplar von allen acht Karten ihrer Farbe zu erspielen: As, König, Dame, Bube, 10, 9, 8, 7.
- Im Spiel treten die Mannschaften in einer Staffel gegeneinander an: Der erste Spieler einer Mannschaft würfelt an der Startlinie mit dem Mannschaftswürfel. Danach läuft er zur anderen Seite und darf so viele Karten umdrehen, wie der Würfel Augen zeigt. Von den umgedrehten Karten darf der Spieler die Karten zurück zu seiner Mannschaft nehmen, die die richtige Farbe haben und von denen noch kein Exemplar im Besitz des Teams ist. Die anderen Karten werden wieder umgedreht und bleiben auf ihrem Platz. Wenn der Spieler keine passende Karte aufgedeckt hat, muss er mit leeren Händen zurückkehren. Zurück an der Startlinie klatscht er den nächsten Spieler seiner Mannschaft ab, der nun würfelt und sich auf den Weg zu den Karten macht.

Hinweis: Die Spieler dürfen keine doppelte Karte mitbringen. Sie müssen sich daher genau einprägen, welche Karten bereits im Besitz der Mannschaft sind. Sollte dennoch eine Karte doppelt geholt worden sein, muss die doppelte Karte zurückgebracht werden, ohne dass der Spieler eine andere holen darf.

- Es gewinnt die Mannschaft, die am schnellsten die erforderlichen Karten gesammelt hat. Der Spielleiter überprüft die gesammelten Karten. Wurde ein Fehler gemacht, wird die zweitschnellste Mannschaft zum Sieger gekürt.

Erhöhung des Schwierigkeitsgrads

1. Bei gerader Würfelaugenzahl muss der Spieler rückwärts zur anderen Seite laufen, bei ungerader Zahl darf der Spieler vorwärtslaufen.

2. Damit auch Spieler, die gerade nicht an der Reihe sind, gefordert werden, wird pro Mannschaft ein Spielleiter bestimmt, der mit einer Wörterliste ausgestattet wird. Immer wenn ein Spieler seinen Weg zu den Spielkarten beginnt, müssen die hintereinander aufgereihten Mitspieler gemeinsam ein Wort dieser Liste rückwärts buchstabieren. Der vorderste Spieler beginnt mit dem letzten Buchstaben des vom Spielleiter genannten Wortes. Dabei laufen alle Spieler auf der Stelle. Nur wenn die Mannschaft die Aufgabe korrekt löst, dürfen die vom Mitspieler mitgebrachten Karten behalten werden, anderenfalls müssen sie zurückgebracht werden.

1. Kalender
2. September
3. Fußball
4. Telefon
5. Computer
6. Tastatur
7. Fenster
8. Teelicht
9. Sekunde
10. Münzen
11. Armband
12. Wecker
13. Formeln
14. Brötchen
15. Kopierer
16. Pflanze
17. Wolken
18. Löffel
19. Toilette
20. Nudeln
21. Getränk
22. Geschirr
23. Gorilla
24. Nashorn
25. Bayern
26. Montag
27. Pullover
28. Gemüse
29. Flasche

Wortliste

35 Tüfteleispektakel

Dauer: 20 Minuten

Aktivitätslevel: +

Material:
- Hallenmaterial: 4 kleine Kästen, 1 Ball (je Mannschaft)
- Download-Material: je 1 Tüfteleispektakel-Stationskarte 1, 2, 3, 4; 1 Tüfteleispektakel-Blanco-Karte (je Mannschaft); 1 Tüfteleispektakel-Lösungsblatt

Geförderte Komponenten:
Kognitive Flexibilität: +
Arbeitsgedächtnis: + +

Spielanleitung

- Es treten Mannschaften zu je vier Spielern in einer Staffel gegeneinander an.
- An vier Stationen steht jeweils ein kleiner Kasten, auf dem eine Stationskarte mit Teilen von Mathematikaufgaben liegt, die ohne Hilfsmittel zu lösen sind.
- Aus jeder Mannschaft macht sich ein Spieler auf den Weg und löst die Mathematikaufgaben an den vier Stationen. Die Zwischenergebnisse müssen sich die Spieler merken und an der nächsten Station damit weiterrechnen.

Hinweis: Die Stationskarten dürfen nicht vom Kasten hochgenommen werden, damit die Spieler der vier Mannschaften die Aufgabe gleichzeitig sehen können.

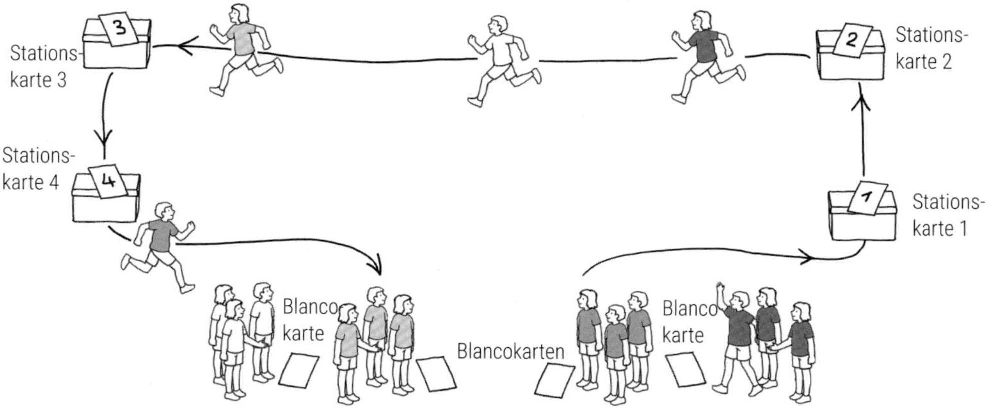

- Nach Lösung der Aufgaben kehren die Spieler zu ihren Mannschaften zurück und notieren ihr Endergebnis an der dafür vorgesehenen Stelle auf der Blanco-Karte (erster Spieler: erste Spalte, zweiter Spieler: zweite Spalte usw.).
- Es werden Punkte für richtige Antworten und für die Schnelligkeit vergeben. Die schnellste Mannschaft bekommt so viele Punkte, wie es Mannschaften gibt, die zweite einen Punkt weniger usw. Für jedes richtige Endergebnis gibt es einen weiteren Punkt. Die Mannschaft mit den meisten Punkten gewinnt.

Tüfteleispektakel: Übersicht über die Stationskarten

Stationskarte	**1**	**2**	**3**	**4**	
Spieler	**Rechnung**	**Rechnung**	**Rechnung**	**Rechnung**	**Lösung**
1	16	+ 5	: 3	+ 8	15
2	9	x 4	: 6	+ 8	14
3	7	x 7	− 9	: 2	20
4	23	− 8	: 5	+ 18	21
5	6	+ 13	− 8	x 3	33
6	18	− 13	+ 17	: 11	2
7	11	x 4	− 36	x 3	24
8	14	− 3	+ 7	: 6	3

Spieler	Lösung	Punkte
1		
2		
3		
4		
5		
6		
7		
8		

Rechenaufgaben: **Punkte**
Schnelligkeit: **Punkte**
Gesamtpunktzahl:

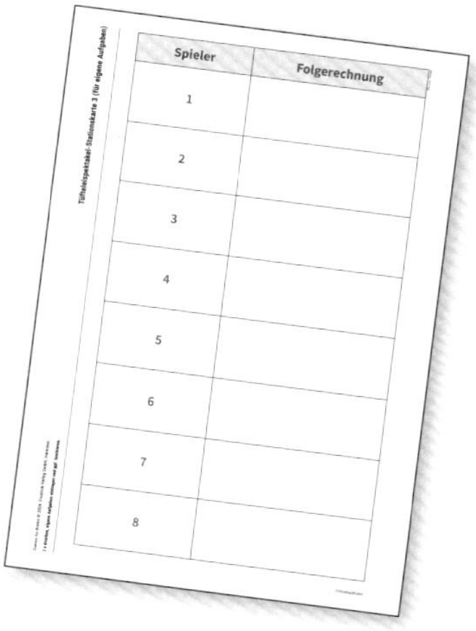

Tüfteleispektakel-Blanco-Karte

Erhöhung des Schwierigkeitsgrads

1. Nach Leistungsstand der Spieler kann der Spielleiter für die einzelnen Stationen schwerere Aufgaben vorgeben.
2. Die Spieler müssen einen Ball mit auf den Weg nehmen, den sie je nach Zwischenergebnis auf unterschiedliche Weise mit sich führen:
   - gerades Zwischenergebnis: Ball mit den Händen dribbeln
   - ungerades Zwischenergebnis: Ball mit den Füßen dribbeln
   - Zwischenergebnis ≤10: mit dem Ball vorwärtslaufen
   - Zwischenergebnis ≥10: mit dem Ball rückwärtslaufen

36 Schnick-Schnack-Sieg

Dauer: 40 Minuten

Aktivitätslevel: + +

Material:
- Wäscheklammern, Kreppband
- Hallenmaterial: 7 kleine Matten, 2 Weichbodenmatten, 9 kleine Kästen, 5 Reifen, 2 Langbänke, 2 große Kästen, 1 Kastendeckel, 1 Trampolin, 1 Medizinball, 4 Fußbälle, 4 Handbälle, 4 Tennisbälle
- Download-Material: je 2 Schnick-Schnack-Sieg-Stationskarten A, B und C

Geförderte Komponenten:
Kognitive Flexibilität: +

Spielanleitung

- Es werden sechs gleichgroße Mannschaften gebildet und drei Zielwurf-Stationen sowie drei Zielsprung-Parcours aufgebaut. Für alle Stationen erklärt der Spielleiter zunächst die grundlegenden Regeln und Aufgaben (s. Downloadmaterial). Wegen der Vielfalt der Stationen ist es ratsam, die Stationskarten so zu platzieren, dass die Regeln bei Bedarf erneut eingesehen werden können.
- Je zwei Mannschaften spielen an einer Station (A, B oder C) gegeneinander. Zunächst kommt es zu folgenden Begegnungen:
  - *Station A:* Mannschaft 1 spielt gegen Mannschaft 2.
  - *Station B:* Mannschaft 3 spielt gegen Mannschaft 4.
  - *Station C:* Mannschaft 5 spielt gegen Mannschaft 6.

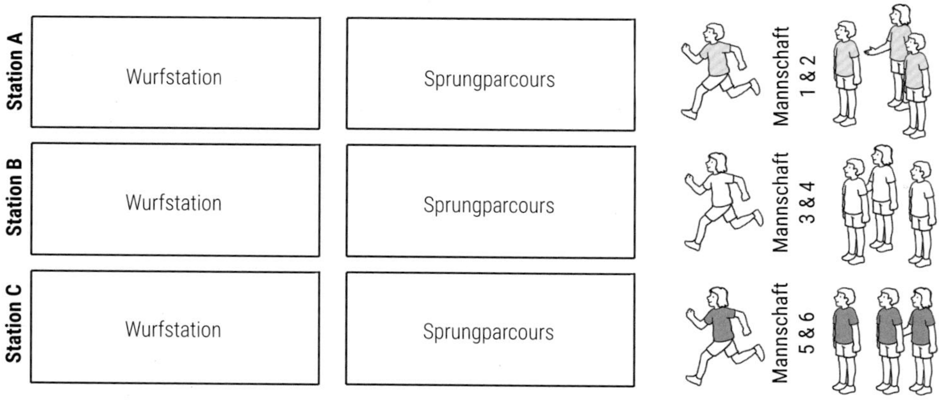

- An jeder Station wird der Wettkampf mit einem Schnick Schnack Schnuck (SSS)-Duell zwischen den ersten Spielern beider Teams gestartet: Schere schneidet Papier. Stein macht Schere stumpf. Papier wickelt Stein ein. Sobald ein Sieger ermittelt ist, startet ein Sprung-Wurf-Wettkampf zwischen den beiden konkurrierenden Mannschaften. Die Mannschaft des SSS-Verlierers geht zum Sprung-Parcour, das SSS-Gewinnerteam zu der Wurf-Station:
  - Der Sprung-Parcours ist von allen Mitgliedern der SSS-Verlierermannschaft hintereinander gemäß den Vorgaben auf der Stationskarte zu absolvieren. Es ist darauf zu achten, dass die Schüler ordentlich springen, um das Verletzungsrisiko zu mindern. Ein Spieler darf erst dann starten, wenn der Vorgänger zurück ist. Die Mannschaft sollte den Parcours möglichst schnell bewältigen, weil das SSS-Gewinnerteam in der Zeit Punkte sammeln kann.
  - Während die gegnerische Mannschaft mit dem Sprung-Parcours beschäftigt ist, hat der Spieler, der das SSS-Duell gewonnen hat, Gelegenheit, zur Zielwurf-Station zu laufen und hier Punkte für seine Mannschaft zu erspielen. Für jeden regelkonformen Treffer gibt es einen Punkt in Form einer Wäscheklammer – aber nur dann, wenn der Spieler die Wurf-Station nach seinen Würfen wieder aufgeräumt hat. Mit den erspielten Wäscheklammern läuft der Spieler zurück zu seiner Mannschaft, die an der Start-/Ziellinie auf ihn wartet. Sollte das gegnerische Team den Sprung-Parcours noch nicht bewältigt haben, darf der nächste Spieler in der Reihe zur Wurf-Station starten.
  - Sobald alle Spieler der SSS-Verlierermannschaft den Sprung-Parcours absolviert haben und an der Start-/Ziellinie angekommen sind, muss der Spieler von der Wurf-Station zurückkehren. Wenn absehbar ist, dass die Läufermannschaft bald fertig ist, sollte der aktuelle Werfer mit dem Werfen aufhören und die Station aufräumen, um sich die erworfenen Punkte zu sichern.
- Es folgt ein weiteres SSS-Duell mit den nächsten Spielern in der Reihe.
- Nach 5–8 Minuten ertönt ein akustisches Signal des Spielleiters. Die jeweiligen Aufgaben werden noch zu Ende absolviert, bevor die Stationszuordnungen folgendermaßen getauscht werden:
  - *Station A:* Mannschaft 3 spielt gegen Mannschaft 6.
  - *Station B*: Mannschaft 2 spielt gegen Mannschaft 5.
  - *Station C:* Mannschaft 1 spielt gegen Mannschaft 4.

Die bereits erzielten Punkte nehmen die Mannschaften mit.

- Nach weiteren 5-8 Minuten wird ein letztes Mal getauscht:
  - *Station A:* Mannschaft 4 spielt gegen Mannschaft 5.
  - *Station B:* Mannschaft 1 spielt gegen Mannschaft 6.
  - *Station C:* Mannschaft 2 spielt gegen Mannschaft 3.
- Die Mannschaft mit den insgesamt meisten Punkten gewinnt die Staffel.

Erhöhung des Schwierigkeitsgrads

Die Entfernung zu den Wurfzielen wird vergrößert und die Platzierung der Zielsektoren erschwert.

Literatur

Alloway, T.P. & Alloway, R.G. (2010). Investigating the predictive roles of working memory and IQ in academic attainment. *Journal of experimental child psychology, 106* (1), 20 - 29.

Alloway, T.P., Gathercole, S.E., Adams, A.-M., Willis, C., Eaglen, R. & Lamont, E. (2005). Working memory and phonological awareness as predictors of progress towards early learning goals at school entry. *British Journal of Developmental Psychology, 23* (3), 417 - 426.

Barenberg, J., Berse, T. & Dutke, S. (2011). Executive functions in learning processes: Do they benefit from physical activity? *Educational Research Review,* 6 (3), 208 - 222.

Best, J.R. (2010). Effects of physical activity on children's executive function: Contributions of experimental research on aerobic exercise. *Developmental Review, 30* (4), 331 - 351.

Best, J.R., Miller, P.H. & Naglieri, J.A. (2011). Relations between Executive Function and Academic Achievement from Ages 5 to 17 in a Large, Representative National Sample. *Learning and individual differences, 21* (4), 327 - 336.

Blair, C. & Razza, R.P. (2007). Relating Effortful Control, Executive Function, and False Belief Understanding to Emerging Math and Literacy Ability in Kindergarten. *Child Development, 78* (2), 647 - 663.

Bohn, C., Boriss, K., Dirksen, T., Neuber, N., Pfitzner, M. & Wagner, H. (2014). Ergebnisse der Projektphasen I und II - Diagnose und Intervention. Individuelle Förderung von Schülerinnen und Schülern in der Sekundarstufe I - ein interdisziplinäres Projekt zum Zusammenhang von Bewegung und Lernen. *Unveröffentlichter Projektbericht.*

Boriss, K. (2015). *Lernen und Bewegung im Kontext der individuellen Förderung. Förderung exekutiver Funktionen in der Sekundarstufe I* (Bildung und Sport). Wiesbaden: Springer VS.

Brocki, K.C. & Bohlin, G. (2004). Executive functions in children aged 6 to 13: a dimensional and developmental study. *Developmental neuropsychology, 26* (2), 571 - 593.

Budde, H., Voelcker-Rehage, C., Pietraßyk-Kendziorra, S., Ribeiro, P. & Tidow, G. (2008). Acute coordinative exercise improves attentional performance in adolescents. *Neuroscience Letters, 441* (2), 219 - 223.

Carlson, S.M. (2003). Executive function in context: development, measurement, theory, and experience. *Monographs of the Society for Research in Child Development, 68* (3), 138 - 151.

Chodzko-Zajko, W.J. (1991). Physical fitness, cognitive performance, and aging. *Medicine & Science in Sports & Exercise, 23* (7), 868 - 872.

Diamond, A., Barnett, W.S., Thomas, J. & Munro, S. (2007). Preschool Program Improves Cognitive Control. *Science, 318* (5855), 1387 - 1388.

Dirksen, T., Zentgraf, K. & Wagner, H. (2015). Bewegungskoordination und Schulerfolg? *Sportwissenschaft, 45* (2), 73 - 82.

Duckworth, A.L. & Seligman, M.E.P. (2005). Self-discipline outdoes IQ in predicting academic performance of adolescents. *Psychological science, 16* (12), 939 - 944.

Eckenbach, K. & Neuber, N. (2016). Entwicklung exekutiver Funktionen in der Sekundarstufe I - Ergebnisse einer quasi-experimentellen Studie zum Potenzial des Sportunterrichts und zur Altersabhängigkeit des Fördereffekts. *Diskurs Kindheits- und Jugendforschung, 11* (4), 387 - 399.

Ehlert, A. (2007). *Arbeitsgedächtnis und Rechnen im Vorschulalter. Die Entwicklung eines Arbeitsgedächtnistests und eines Untersuchungsverfahrens für mathematische Kompetenzen zur Überprüfung des Einflusses des Arbeitsgedächtnisses nach Baddeley auf mathematische Fertigkeiten im Vorschulalter.* Frankfurt am Main: Lang.

Eliot, L. (2002). *Was geht da drinnen vor? Die Gehirnentwicklung in den ersten fünf Lebensjahren.* Berlin: Berlin Verlag

Etnier, J.L., Salazar, W., Landers, D.M., Petruzzello, S.J., Han, M. & Nowell, P. (1997). The influence of physical fitness and exercise upon cognitive functioning: a meta-analysis. *Journal of Sport & Exercise Psychology, 19* (3), 249 - 277.

Hansen, A.L., Johnsen, B.H., Sollers Iii, J.J., Stenvik, K. & Thayer, J.F. (2004). Heart rate variability and its relation to prefrontal cognitive function: the effects of training and detraining. *European Journal of Applied Physiology, 93* (3), 263 - 272.

Herholz, K., Buskies, W., Rist, M., Pawlik, G., Hollmann, W. & Heiss, W.D. (1987). Regional Cerebral Blood Flow in Man at Rest and during Exercise. *Neurology* (234 der Gesamtfolge), 9 - 13.

Hollmann, W., Strüder, H.K., Rojas Vega, S., Tagarakis, C.V.M. & Diehl, J. (2007). Gehirn - körperliche Aktivität und ihre Bedeutung für Gehirngesundheit und -leistungsfähigkeit. *Österreichisches Journal für Sportmedizin (4)*, 6 - 24.

Khatri, P., Blumenthal, J.A., Babyak, M.A., Craighead, W.E., Herman, S., Baldewicz, T., Madden, D.J., Doraiswamy, M., Waugh, R. & Krishnan, K.R. (2001). Effects of exercise training on cognitive functioning among depressed older men and women. *Journal of Aging & Physical Activity, 9* (1), 43 - 57.

Kramer, A.F., Hahn, S., McAuley, E., Cohen, N.J., Banich, M.T., Harrison, C., Chason, J., Boileau, R.A., Bardell, L. & Colcombe, A. (2001). Exercise, Aging, and Cognition: Healthy Body, Healthy Mind? In: W. A. Rogers & A.D. Fisk (Hrsg.), *Human factors interventions for the health care of older adults* (S. 91 - 120). Mahwah, N.J: Lawrence Erlbaum Associates.

Kubesch, S. (2013). *Förderung exekutiver Funktionen und der Selbstregulation im Sport* (Pfiff-Lehrwerk) (2., leicht veränderte Auflage). Heidelberg: Verlag Bildung Plus.

Kubesch, S., Walk, L., Spitzer, M., Kammer, T., Lainburg, A., Heim, R. & Hille, K. (2009). A 30-Minute Physical Education Program Improves Students' Executive Attention. *Mind, Brain, and Education, 3* (4), 235 - 242.

Mazzocco, M. & Kover, S. (2007). A Longitudinal Assessment of Executive Function Skills and Their Association with Math Performance. *Child Neuropsychology, 13* (1), 18 - 45.

Mei, F., Nagappan, G., Ke, Y., Sacktor, T.C., Lu, B. & Mei, L. (2011). BDNF Facilitates L-LTP Maintenance in the Absence of Protein Synthesis through PKMζ. *PLoS ONE, 6* (6), e21568.

Ministerium für Schule und Weiterbildung des Landes Nordrhein-Westfalen. (2014). *Rahmenvorgaben für den Schulsport in Nordrhein-Westfalen* (1. Auflage). Düsseldorf.

Miyake, A., Friedman, N.P., Emerson, M.J., Witzki, A.H., Howerter, A. & Wager, T.D. (2000). The Unity and Diversity of Executive Functions and Their Contributions to Complex „Frontal Lobe" Tasks: A Latent Variable Analysis. *Cognitive Psychology, 41* (1), 49 - 100.

Moffitt, T.E., Arseneault, L., Belsky, D., Dickson, N., Hancox, R.J., Harrington, H., Houts, R., Poulton, R., Roberts, B.W., Ross, S., Sears, M.R., Thom-son, W.M. & Caspi, A. (2011). A gradient of childhood self-control pre-dicts health, wealth, and public safety. *Proceedings of the National Academy of Sciences of the United States of America, 108* (7), 2693 - 2698.

Neuber, N. (2007). *Entwicklungsförderung im Jugendalter. Theoretische Grundlagen und empirische Befunde aus sportpädagogischer Perspektive* (Wissenschaftliche Schriftenreihe des Deutschen Olympischen Sportbundes, 35). Schorndorf: Hofmann.

Pieramico, V., Esposito, R., Sensi, F., Cilli, F., Mantini, D., Mattei, P.A., Frazzini, V., Ciavardelli, D., Gatta, V., Ferretti, A., Romani, G.L. & Sensi, S.L. (2012). Combination training in aging individuals modifies functional connectivity and cognition, and is potentially affected by dopamine-related genes. *PLoS ONE, 7 (8)*, e43901.

Posner, M.I. & Rothbart, M.K. (2007). *Educating the human brain.* Washington, DC, US: American Psychological Association.

Rasberry, C.N., Lee, S.M., Robin, L., Laris, B.A., Russell, L.A., Coyle, K.K. & Nihiser, A.J. (2011). The association between school-based physical ac-tivity, including physical education, and academic performance: a systematic review of the literature. *Preventive medicine, 52 Suppl 1*, 10 - 20.

Röthlisberger, M., Neuenschwander, R., Michel, E. & Roebers, C.M. (2010). Exekutive Funktionen: Zugrundeliegende kognitive Prozesse und deren Korrelate bei Kindern im späten Vorschulalter. *Zeitschrift für Entwicklungspsychologie und Pädagogische Psychologie, 42* (2), 99 - 110.

Scherler, K. (2008). Die Instrumentalisierungsdebatte in der Sportpädagogik. In: E. Balz & P. Wolters (Hrsg.), *Schulsport: Didaktik und Methodik* (S. 28 - 33). Leipzig: Messedruck
Shiffrin, R.M. & Schneider, W. (1977). Controlled and automatic human information processing: II. Perceptual learning, automatic attending and a general theory. *Psychological Review, 84* (2), 127 - 190.
Sibley, B.A. & Etnier, J.L. (2003). The relationship between physical activity and cognition in children: a meta-analysis. *Pediatric Exercise Science, 15* (3), 243 - 256.
Smiley-Oyen, A.L., Lowry, K.A., Francois, S.J., Kohut, M.L. & Ekkekakis, P. (2008). Exercise, Fitness, and Neurocognitive Function in Older Adults: The "Selective Improvement" and "Cardiovascular Fitness" Hypotheses. *Annals of Behavioral Medicine, 36* (3), 280 - 291.
Thiel, A., Teubert, H. & Kleindienst-Cachay, C. (2006). *Die „bewegte Schule" auf dem Weg in die Praxis. Theoretische und empirische Analysen einer pädagogischen Innovation* (3., überarbeitete Auflage). Baltmannsweiler: Schneider-Verlag Hohengehren.
Tomporowski, P.D., Davis, C.L., Miller, P.H. & Naglieri, J.A. (2008). Exercise and Children's Intelligence, Cognition, and Academic Achievement. *Educational Psychology Review, 20* (2), 111 - 131.
Travis, F. (1998). Cortical and cognitive development in 4th, 8th and 12th grade students. The contribution of speed of processing and executive functioning to cognitive development. *Biological psychology, 48* (1), 37 - 56.
Trudeau, F. & Shephard, R.J. (2008). Physical education, School Physical Activity, School Sports and Academic Performance. *The international journal of behavioral nutrition and physical activity, 5* (1), 10.
Voelcker-Rehage, C., Godde, B. & Staudinger, U.M. (2011). Cardiovascular and Coordination Training Differentially Improve Cognitive Performance and Neural Processing in Older Adults. *Frontiers in human neuroscience, 5* (26) doi: 10.3389/fnhum.2011.0026
Walk, L. & Evers, W. (2013). *Fex - Förderung exekutiver Funktionen.* [Wissenschaft, Praxis, Förderspiele] (1. Aufl.). Bad Rodach: Wehrfritz.
Zimmer, P., Oberste, M. & Bloch W. (2015). Einfluss von Sport auf das zentrale Nervensystem - Molekulare und zelluläre Wirkmechanismen. *Deutsche Zeitschrift für Sportmedizin 66* (2), 42 - 49.

Dank

Auch nach Fertigstellung dieses Buches ist es nach wie vor das Anliegen der Forschergruppe der Uni Münster, die Spielideen weiter zu optimieren und – vor allem – die Umsetzung in die Schulpraxis zu unterstützen. In Anlehnung an den Forschungseinsatz von Bohn, Boriss, Dirksen, Neuber, Pfitzner und Wagner (2014) haben sich mehrere Folgeprojekte diesem Ziel verschrieben. Auf der Website **www.lernenundbewegung.de** können sich interessierte Leserinnen und Leser über aktuelle Ansätze der Uni Münster informieren.

Weil die bisherigen Studienergebnisse so überzeugend für eine praktische Anwendung von Förderspielen sprechen, war es mir ein großes persönliches Anliegen, ein wissenschaftlich fundiertes Buch für die Praxis zu schreiben. Allem „Wettbewerbsverhalten“ im wissenschaftlichen Alltag zum Trotz ist es ein gutes Gefühl, es getan zu haben! Allen Personen, die mich dabei tatkräftig unterstützt haben, möchte ich danken: Allen voran den fleißigen studentischen Hilfskräften am Arbeitsbereich „Bildung und Unterricht im Sport“ der Uni Münster, nämlich der fabelhaften Interventions-Mitdenkerin der ersten Stunde Sina Spreen, Kolja Poell – kreativ mit kritisch-konstruktivem Blick, am liebsten, wenn es kompliziert wird – und natürlich Team PhiFi (Finja Schüler und Philipp Schankin), auf deren Ausdauer ich in der Endphase zählen konnte.

Gute Anregungen kamen auch von einfallsreichen Sportstudierenden aus Sportdidaktik-Seminaren und aus der „echten“ Praxis: Danke, Tristan Eckenbach, für das Denken in andere Richtungen und für das fleißige Ausprobieren!

Unterstützer in jedem Moment und Lernen-&-Bewegung-Kumpane finde ich immer – und so auch bei diesem Buch – in Nils Neuber und Michael Pfitzner. Danke für euer treues Zur-Seite-Stehen, das mehr ist als das, was man von Kollegen und Chefs erhoffen kann! Und noch ein Wissenschafts-Mitstreiter darf nicht unerwähnt bleiben: Tim Dirksen. Von den anstrengenden Feldstudienphasen werden die Haribo-Traditionen unvergessen bleiben! Danke dir vor allem aber für die Inspirationen durch die koordinativen Förderspiele.

Das Projekt, in dessen Kontext die Spiele erstmalig konzipiert wurden, wurde aus externen Fördergeldern finanziert. In erster Linie ist hier der Unfallkasse NRW, insbesondere Gerrit Schnabel, zu danken. Ebenfalls zu nennen sind die Unfallkasse Hessen, die Unfallkasse Berlin, die Kommunale Unfallversicherung Bayern, die Unfallkasse Nord sowie das Ministerium für Schule und Weiterbildung des Landes Nordrhein-Westfalen.

Danke auch an diejenigen, die mein Interesse an den exekutiven Funktionen überhaupt erst geweckt haben! Sabine Kubesch und Laura Walk, die selber tolle Bücher zum Thema verfasst haben: z. B. „Förderung exekutiver Funktionen und der Selbstregulation im Sport“ (Kubesch, 2013) oder „Förderung exekutiver Funktionen: Wissenschaft Praxis Förderspiele“ (Walk & Evers, 2013). Vielen Dank für eure mitreißende Begeisterung für dieses wichtige Thema!

Karin Eckenbach

Download-Materialien

Übersicht

Großgruppenspiele

1. Stroop Steps	16 Stroop Steps-Farbkarten 4 Stroop Steps-Wortkarten
2. mursrednA	1 mursrednA-Spielkarte
4. Memo-Battle	10 Memo-Battle-Spielkarten
5. Move it – move it	18 Move it – move it-Spielkarten 6 Move it – move it-Spielkarten (Erweiterung)
9. Colour Bouncing	4 Standard-Farbkarten (blau, gelb, rot, lila)
13. Eckstein	16 Eckstein-Spielkarten
16. Kombi-Jump	2 Standard-Farbkarten (blau, rot)

Mannschaftsspiele

19. Schockey	2 Standard-Farbkarten (blau, rot) 4 Schockey-Zahlkarten
21. Trampoball	4 Standard-Farbkarten (blau, gelb, rot, lila)
22. Flexi-Fangen	4 Flexi-Fangen-Spielkarten
24. FORMidablo	1 FORMidablo-Geschichte 4 FORMidablo-Spielkarten
26. Story-Fangen	2 Story-Fangen-Geschichten
30. Bildchen, wechsle dich	je 1 Bildchen, wechsle dich-Stationskarte 1A, 1B 1 Bildchen, wechsle dich-Stationskarte 2 30 Bildchen, wechsle dich-Stationskärtchen 3 je 1 Bildchen, wechsle dich-Lösungsblatt A, B

Staffelspiele

32. Memo-Picture-Run	25 Memo-Picture-Run-Spielkarten 1 Memo-Picture-Run-Blanco-Karte
33. Chaos-Karree	8 Chaos-Karree-Spielkarten 4 Chaos-Karree-Markierungskarten
34. Duell der Könige	1 Duell der Könige-Wörterliste
35. Tüfteleispektakel	je 1 Tüfteleispektakel-Stationskarte 1, 2, 3, 4 1 Tüfteleispektakel-Blanco-Karte 1 Tüfteleispektakel-Lösungsblatt je 1 Tüfteleispektakel-Stationskarte 1, 2, 3, 4, sowie ein Blanco-Lösungsblatt (für eigene Aufgaben)
36. Schnick-Schnack-Sieg	je 2 Schnick-Schnack-Sieg-Stationskarten A, B, C

Nutzungshinweise

Druckvorlagen für Materialien, die in der Spielesammlung angegeben werden, finden Sie zum Download. Für eine reibungslose Umsetzung der Spielideen empfiehlt es sich, alle Materialien auszudrucken und sie für den späteren Einsatz in einem Materialkoffer zu deponieren.
Beachten Sie beim Ausdruck bitte folgende Hinweise:

- Fertigen Sie lieber mehr als zu wenige Ausdrucke an, damit Sie langfristig für verschiedene Gruppengrößen genügend Exemplare haben.
- Bei verschiedenen Materialien sind Farbausdrucke zwingend notwendig, damit sie ihren Spielzweck erfüllen.
- Für mehrere Spiele (Colour Bouncing, Kombi-Jump, Schockey, Trampoball) sind Standard-Farbkarten erforderlich. Diese werden im Downloadmaterial mehrfach unter Verweis auf das jeweilige Spiel angeboten, können jedoch auch spielübergreifend verwendet werden.
- Sofern nicht anders angegeben, empfiehlt sich ein Ausdruck im DIN-A4-Format.
- Werden die Ausdrucke laminiert, sind sie längerfristig einsetzbar.

Neben dem Download- und gewöhnlichen Sporthallenmaterial müssen Spielleiterinnen und Spielleiter folgende Utensilien bereithalten:

- Kreppband
- Luftballons
- Musik
- Pfeife
- Skatblätter (2 Stück)
- Stifte (ca. 10 Stück)
- Stoppuhr
- Wäscheklammern (ca. 90 Stück)
- Würfel (ca. 5 Stück)